Karl Rudolf Hagenbach

Die theologische Schule Basels und ihre Lehrer

Von Stiftung der Hochschule 1460 bis zu Dewette's Tod 1849

Karl Rudolf Hagenbach

Die theologische Schule Basels und ihre Lehrer
Von Stiftung der Hochschule 1460 bis zu Dewette's Tod 1849

ISBN/EAN: 9783743613737

Hergestellt in Europa, USA, Kanada, Australien, Japan

Cover: Foto ©ninafisch / pixelio.de

Manufactured and distributed by brebook publishing software (www.brebook.com)

Karl Rudolf Hagenbach

Die theologische Schule Basels und ihre Lehrer

DIE THEOLOGISCHE SCHULE BASELS

UND

IHRE LEHRER

VON STIFTUNG DER HOCHSCHULE 1460 BIS ZU DEWETTE'S TOD 1849.

ZUR VIERTEN SÄCULARFEIER DER UNIVERSITÄT BASEL

IM AUFTRAG DER THEOLOGISCHEN FACULTÄT

VERFASST VON

K. R. HAGENBACH.

DR. UND ORD. Ö. PROF. DER THEOL., D. Z. DECAN.

BASEL
SCHWEIGHAUSER'SCHE UNIVERSITÄTS-BUCHDRUCKEREI.

1.
Die vorreformatorische Zeit.

Unter der Aegide des h. Augustinus, dessen bischöfliches Bild das erste Blatt der theologischen Matrikel ziert, begann die theologische Facultät der im Jahr 1460 gestifteten Hochschule ihre Arbeit. Es bildete diese nur einen Zweig des weit verbreiteten Stammes der mittelalterlichen Theologie überhaupt, die, wie Jeder weiss, bereits ihrem Ende entgegenneigte; denn schon im Jahr 1495 begrub die Scholastik ihren letzten bedeutenden Repräsentanten in der Person Gabriel Biel's von Tübingen. Die beiden grossen Bettelorden, die Dominikaner und Franziskaner, die sich wieder in die Schulen der Thomisten und Skotisten trennten, hatten schon lange vor Stiftung der Hochschule in Basel ihre Niederlassung gefunden, und namentlich hatten die Dominikaner durch mehrfache wissenschaftliche Leistungen sich ausgezeichnet[1]. So finden wir denn auch von Anbeginn den theologischen Lehrstuhl mit Männern aus diesem Orden besetzt.

Gleich im Stiftungsjahr 1460 ward der Predigermönch Fr. Caspar Maner, der schon unter den Beisitzern des Basler Concils erwähnt wird, zum Professor und 1462 zum Decan der theologischen Facultät erwählt[2]. Er lehrte bis zum Jahr 1474 und starb den 29. Nov. d. J. — Neben ihm standen M. Johann Creutzer und M. Wilhelm Textoris, der erstere aus Gebweiler (im Elsass), der letztere aus Aachen gebürtig.

Creutzer, der in Erfurt und Heidelberg sich gebildet und an letzterm Orte das Baccalaureat der Theologie erlangt hatte, war Mitglied des Domcapitels, Doctor des kanonischen Rechts und Stiftsprediger zu Basel. Er zog sich nach Colmar zurück und starb als Decan der dortigen Dominicaner.

Textoris hatte bereits in Erfurt einen theologischen Lehrstuhl bekleidet und wurde 1462 nach Basel berufen, wo er zugleich die Doctorwürde erhielt. Auch er bekleidete die Stelle eines Domherrn. Sein Todesjahr ist nicht gewiss; doch lebte er noch um 1500.

---

[1] Basler Neujahrsblatt 1855, S. 18.
[2] Das theol. Matrikelbuch beginnt mit den Worten: Anno millesimo quadringentesimo secundo, in die Lucæ Evangelistæ fuit electus in Decanum theologicæ facultatis Fr. Caspar Maner, Ordinis Prædicatorum, Sacræ Theol. Professor. Vgl. Athen. raur. p. 1.

Von den wissenschaftlichen Leistungen dieser Männer ist wenig auf uns gekommen. Creutzer soll eine Abhandlung über die berühmten Männer seines Ordens, eine Auslegung des Vaterunsers und ein Buch über die sieben Werke der Frömmigkeit verfasst haben; von Textoris wird eine Schrift über das Leiden Christi und eine Reisebeschreibung in das h. Land angeführt[1]. Es ist mir nicht gelungen, einer dieser Schriften ansichtig zu werden.

Auch von den übrigen Theologen unsrer ersten Periode, deren Namen uns genannt und in der Matrikel aufgeführt werden: Heinrich Noldt, Johann von Grüningen, Johann Syber von Wangen, Heinrich Riedtmüller von Liestal, Michael Wildeck von Mülhausen, Mauritius Finiger, Ladislaus Ulricher, Johann Dieck verlautet nichts in Absicht auf schriftstellerische Thätigkeit.

Weitaus der berühmteste Name, der aus dieser Zeit uns entgegen tritt, ist der eines Geiler von Kaisersberg, der auch in Basel 1475 den Doctorgrad erlangte. Aber die Wirksamkeit dieses ausgezeichneten Predigers und Gelehrten an der theologischen Schule Basels war so kurz und vorübergehend, dass seiner an diesem Orte ausführlicher zu gedenken unstatthaft wäre, denn schon im Mai 1476 verliess er die Stadt und wandte sich Freiburg, später Strassburg zu, das mit Recht auf ihn stolz ist[2].

Von grösserm Belang für die Entwicklung und Förderung des theologischen Studiums in Basel war die Wirksamkeit des Thomas Wittenbach von Biel. Er kam 1505 von Tübingen her und nachdem er schon dort den Grad eines Baccalaureus der Theologie (Baccalaureus biblicus) erlangt hatte, erhielt er in Basel die theologische Doctorwürde. Dass er amtlich als Professor gewirkt, erhellt aus den Akten nicht; jedenfalls trat er lehrend auf. Er las über die Sentenzen des Lombarden. Zwingli und Leo Judä waren seine Zuhörer. Zwingli gesteht von ihm zuerst jenen Grundsatz der evangelischen Wahrheit vernommen zu haben, der später als das Materialprincip der Reformation bezeichnet worden ist, dass Christi Tod das einzige Lösegeld für die Sünde, mithin der päpstliche Ablass verwerflich sei[3]. Aber auch Wittenbach blieb nicht lange. Schon im Jahr 1522 folgte er einem Ruf als Prediger in seine Vaterstadt.

Und so verweilte auch Wolfgang Fabricius Capito (Köpflin), von Hagenau im Elsass gebürtig, nur kürzere Zeit in Basel. Wir finden ihn 1516 mitwirkend bei Oekolampads Promotion. 1518 ward er feierlich zum Decan erwählt. Aber schon 1520 folgte er einem Rufe des Erzbischofs Albrecht von Mainz an dessen Hof, bis er uns dann später (seit 1523) unter den Theologen Strassburgs wieder begegnet. Seine spätern Beziehungen zu den Kirchen der Schweiz sind hier nicht weiter zu erwähnen.

---

[1] Athen. raur. a. a. O.
[2] *Ammon.* Geiler's Leben, Lehren und Predigten. Erlangen 1826. *Aug. Stöber*, Essai historique et littéraire sur la vie et les sermons de Geiler. Strasb. 1834. *C. Schmidt* in Herzogs theol. Realencyklopädie. Bd. IV.
[3] *Bullinger's* Reformationsgeschichte I, S. 7. Auch späterhin blieb Zwingli mit seinem Lehrer in Verbindung. So theilte er ihm schon 1523, also vor dem Streite mit Luther, seine Ansicht über das h. Abendmahl zur Prüfung mit. Ep. 37. (Opp. Zwinglii Ausg. von Schuler u. Schulthess tom. VII, p. 297).

Mitten in den reformatorischen Bewegungen finden wir, um von Oekolampad noch nicht zu reden, die theologischen Lehrstühle besetzt mit Johann Gebwiller von Colmar[1], Matthias Sambucellis (Hölderlin) und Ludwig Ber (Bär, Ursus). Ber ist unstreitig der Bedeutendste unter den Genannten. Er war ein Freund des Erasmus. Diesen, die eigentliche theologische Grösse der Zeit, dürfen wir zwar nicht zu den Theologen der Basler Facultät zählen; noch weniger aber dürfen wir ihn mit Stillschweigen übergehen; denn von Basel aus ging doch recht eigentlich des Erasmus theologische Wirksamkeit. Hier wurde ja die erste Ausgabe seines griechischen Neuen Testamentes gedruckt (1516), und von hier aus ging so manches seiner Worte, das reinigend und anregend auf das Studium der Theologie gewirkt hat[2]. Wie man auch immer über seine erst zurückhaltende, dann immer feindseliger hervortretende Stellung zur Reformation urtheilen mag, so viel bleibt ihm unbestritten, dass er von den dürren Steppen einer sich im Sande verlaufenden Scholastik wieder zurückgeführt hat zu dem Quellenlande einer aus den biblischen Urkunden geschöpften, geistesfrischen Gottesgelehrtheit.

Wie viel nun Ber von der Theologie seines berühmten Freundes sich angeeignet, müsste aus einem genauern Studium seiner nicht eben zahlreichen Schriften hervorgehn, die mir trotz meiner Nachforschungen unzugänglich geblieben sind[3]. Von den Lobsprüchen, die der freigebige Gönner ihm spendete, mag wohl etwas abgehn. Er nennt ihn in einem seiner Briefe Theologum absolutissimum! — Ber's geschichtliche Bedeutung liegt, so weit wir den Mann aus den Akten der Reformationsgeschichte kennen, weniger in dem was er zur Reinigung und Förderung der theologischen Wissenschaft vom Erasmischen Standpunkt aus gethan, als in der gegnerischen Richtung, die er der Reformation gegenüber eingenommen und nicht ohne Entwicklung von Scharfsinn behauptet hat.

Ber, geboren gegen Ende des 15. Jahrhunderts, war der Sohn eines Baselischen Rathsherrn, der 1515 in der Schlacht von Marignano sein Leben gelassen. Nachdem er in Paris studiert und dort den Doctorgrad erlangt hatte, begann er, 1513 in seine Vaterstadt zurückgekehrt, seine kirchliche und theologische Laufbahn. Mit der Stelle eines Stiftspropstes zu St. Peter verband er die eines Professors der Theologie, in welcher Eigen-

---

[1] Unrichtig ist bis dahin Johann Uebwiller identificirt worden mit Johann Sattler (Sellatoris) von Gebwiller. (Athen. raur. p. 1. Ochs Geschichte von Basel V. S. 381.) Darnach ist auch die Stelle in meinem Oekolampad (S. 38) zu berichtigen. Joh. Sattler, erst Lehrer an der phil. Fac., wurde 1506 in die theol. Fac. aufgenommen, 1514 wurde er Chorhr. zu St. Peter und 1533 Propst daselbst. Auch Gebwiller war Chorhr. zu St. Peter, resignirte aber 1530.
[2] Wir denken dabei besonders an seine Ratio s. Methodus compendio perveniendi ad veram Theologiam, die er der 2. Ausg. seines N. T. voranschickte und 1522 als ein besonderes Werkchen erscheinen liess, und das recht eigentlich als das Programm betrachtet werden kann, an welches die reformatorische Wissenschaft sich zu halten sich angewiesen sah.
[3] Die Athen. raur. nennen: de praeparatione ad mortem. Bas. 1551. Commentar. in aliquot. Psalmos. ibid. — In quaestionem: an tempore pestis fugere liceat. ibid. — Obgleich alle drei Werke in Basel gedruckt sind, finden sie sich auf der öffentlichen Bibliothek nicht vor.

schaft er zweimal das Rectorat, mehreremale das Decanat der theologischen Facultät bekleidete. Mit seinem Collegen Gebwiller und dem Juristen Johann Romanus Wonnecker widersetzte er sich standhaft dem Halten von Disputationen, wie sie von den Freunden und Beförderern der Reformation verlangt wurden. Dagegen nahm er auf der Disputation zu Baden (1526) neben drei Andern den Präsidentenstuhl ein und betheiligte sich auch persönlich bei dem Gespräche. Als er dem Eindringen der Reformation in Basel nicht länger wehren konnte, verliess er 1529 die vom Glauben der Väter abgefallene Stadt und wandte sich dem benachbarten Freiburg zu. Das Gleiche thaten mit ihm Erasmus, Glarean und Andere. In Freiburg starb er den 14. April 1554.

II.
Basels Theologie im Reformationszeitalter.

Die gänzliche Umgestaltung der Universität, welche mit der Reformation Basels von 1529 eingeleitet wurde, musste in erster Linie die theologische Facultät betreffen. Hier dreht sich nun das Meiste um die Person des Baselschen Reformators, Johann Oekolampad. Die reformatorische Wirksamkeit des Mannes in ihrem ganzen Umfange darzustellen, liegt nicht in unsrer Aufgabe. Es ist diess anderwärts geschehn[1]. Hier mag es genügen, daran zu erinnern, wie der aus Weinsberg stammende Johann Hüsgen (geb. 1482), dessen Name von den Studiengenossen als »Hausschein« gedeutet und in »Oekolampad« übersetzt worden, schon im Jahr 1515 von dem wohl gesinnten Bischof Christoph von Utenheim als Domprediger nach Basel berufen und im October 1516 mit dem Grad eines Baccalaureus und Licentiaten der Theologie beehrt wurde[2], wie er sodann nach einem kürzern Aufenthalt in seiner Vaterstadt im Jahr 1518 abermals nach Basel zurückkehrte, dann aber Augsburg sich zuwandte und nachdem er etwas über ein Jahr im Brigittenkloster zu Altenmünster zugebracht, auf der Ebernburg bei Franz von

---

[1] S. die Biographien von Hess (1793), Herzog (1843) und die meinige (Leben und ausgewählte Schriften der Väter und Begründer der ref. Kirche zweiter Theil: Joh. Oekolampad und Oswald Myconius, die Reformatoren Basels. Elberfeld 1859).

[2] Die Matrikel sagt zu 1516: Eodem anno admissus est Ioannes Oecolampadius, Winspurgn. ad faciendam prælectionem in tertium Sententiarum; præstito prius juramento, ne in alia universitate sine dispensatione accipias insignia. Auf der folgenden Seite wird gemeldet, wie er in Gemeinschaft mit einem M. Schlierbach und einem M. Wenk das Baccalaureat erhalten. Um Simon Judä wurden dann die drei ad magistrates licentias per theologica mfacultatem legitime approbati et admissi, insuper .... Sub sequenti quarta feria publice et solenniter .... in Licentiator vocati. Et omnia hunc actum con amantia cum laude et gloria fuerunt expedita.

Sickingen als Schlosskaplan in Dienste trat, bis er zum drittenmal (im November 1522)
und zwar diessmal als Flüchtling im Begleite Ulrichs von Hutten seine Schritte nach
Basel lenkte. Von da an blieb er der Stadt erhalten, die er von dem Grossvater mütterlicher Seits her seine Vaterstadt nennen durfte. Nunmehr erscheint er auch in der Zahl
der akademischen Lehrer, indem er neben dem Vicariat für den kranken Pfarrer Zanker
zu St. Martin, seit 1523 auch die Stelle eines Professors der Theologie bekleidete. Er
begann seine Vorlesungen mit der Erklärung des Jesaia, wozu ihm Luther Glück wünschte [1].
Neben ihm stand der sprachkundige Minorite Konrad Pellican (Kürsner) von Ruffach
im Elsass als Schrifterklärer. Dieser verdankte seine Erhebung auf den theologischen Lehrstuhl den Nachstellungen seiner Gegner aus dem eigenen Orden; denn statt dass es diesen
gelungen wäre, ihn zu verdrängen, wie sie beabsichtigten, mussten sie selbst das Feld
räumen und ihm den Weg bahnen zu weiterer Wirksamkeit. Später (1526) wandte sich
Pellican Zürich zu, wohin er einen Ruf an Ceporinus (Wiesendanger's) Stelle erhalten
hatte. Hier legte er das Ordenskleid ab und starb als Bibliothekar 1556 [2].

Durch die exegetischen Vorlesungen Oekolampad's und Pellican's war der Grund
gelegt zu einer durchaus erneuerten, auf das Studium der hl. Schriften gegründeten reformatorischen Theologie. Erasmus hatte den Weg dahin gewiesen, aber Luther verglich ihn
in jenem Briefe an Oekolampad mit Mose, der im Lande Moab gestorben, ohne das h. Land
selbst zu betreten, dem er die Israeliten zuführte. Auch darin erwies sich die akademische
Thätigkeit dieser Männer als eine reformatorische, dass sie die Kluft ausfüllte zwischen der
Wissenschaft und den Laien. Geschah es doch jetzt, dass nicht nur hochgestellte Geistliche,
wie der Weihbischof Telamonius Limpurger, sondern auch angesehene Männer weltlichen Standes Oekolampad's Vorlesungen besuchten. Und wie nun Oekolampad den grössten
der Propheten des Alten Testaments, so wählte er auch bald nachher den grössten Apostel
des neuen Bundes, Paulus und dessen Sendschreiben an die Christen zu Rom, zum Gegenstande seiner Vorlesungen. Vor dem christlichen Volke aber erklärte er den ersten Brief
des Johannes in seinen »Demagorien«. Die gelehrte und die praktische Schrifterklärung,
Exegese und Predigt, haben wir uns nicht so weit aus einander liegend zu denken, wie
diess später, und eben nicht immer zum Vortheil, weder des Glaubens noch der Wissenschaft, sich gestaltete. Praktische Anwendung des Gelesenen auf dem Katheder befremdete
die Zuhörer eben so wenig als gelehrte Begründung der gegebenen Texteserklärung auf
der Kanzel. Dass hier beides in einer Hand lag, war bedeutsam und fördernd für das
Werk der Reformation [3].

---
[1] Briefe Luther's von deWette II, S. 352.
[2] U. Müller, Bekenntnisse merkwürdiger Männer von sich selbst. Bd. IV. Sal. Vögelin im Zürcher histor. Taschenbuch 1858. — Vgl. meinen Artikel in Herzog's Realencyklopädie. Ueber seine Bücher (hebräische Grammatik und Wörterbuch, Commentar fast über alle Bücher des A. T. und über die paulinischen und andere Briefe des neutestamentlichen Kanons) Athen. raur. p. 18.
[3] Ein Verzeichniss der Schriften Oekolampads findet sich in der Biographie von Hess und Athen. raur. p. 15 ss.

So sehen wir denn auch bei der Reorganisation der Universität unmittelbar nach den verhängnissvollen Tagen des Glaubenskampfes (1529—32) die Theologie gänzlich auf die heil. Schrift gegründet und die beiden Lehrstühle aufgestellt, von denen der eine der Erklärung des Alten, der andere der des Neuen Testamentes galt (Professores Veteris et Novi Testamenti). Der dogmatische Unterricht war an die Exegese gebunden, oder wuchs vielmehr aus ihr als der lebendigen Wurzel heraus; erst später werden wir sehn, wie ein eigener Lehrstuhl für die systematische Theologie errichtet ward. Die philologische Virtuosität war es allermeist, welche nächst der rein evangelischen Gesinnung bei der Berufung der Männer ins Gewicht fiel, denen die Heranbildung eines christlichen Lehrstandes sollte anvertraut werden.

Unter diesen Männern ragt als Gelehrter ersten Ranges hervor Simon Grynäus (Gryner) aus Veringen in Schwaben (geb. 1493). Nachdem er auf der Schule zu Pforzheim den Grund zu seinen Studien gelegt und diese dann weiter in Wien mit reichstem Erfolge betrieben, bekleidete er erst das Rectorat der Schule in Ofen (Buda), musste aber seiner freiern Denkweise wegen den Nachstellungen der Dominikaner weichen. Er wandte sich nach Wittenberg, wo ihm Melanchthon schon von Pforzheim her befreundet war. Seit dem Jahr 1524 lehrte er in Heidelberg das Griechische und seit 1526 auch das Lateinische unter sehr drückenden Verhältnissen; denn die reformatorische Gesinnung, die ihn beseelte, war auch nicht die der Heidelberger Universität. Grynäus verlangte nach einem Anschluss an die Glaubensgenossen und er fand ihn auf dem Reichstag in Speyer, wohin er sich, zunächst um Melanchthon zu begrüssen, im denkwürdigen Jahre 1529 begab. Hier ward er zu rechter Zeit vor den Nachstellungen Faber's gewarnt (durch einen Unbekannten, in welchem der fromme Glaube einen Engel des Himmels erblickte) und von Melanchthon über den Rhein geflüchtet. Nicht lange nach diesen aufregenden Ereignissen richtete Oekolampad im Auftrage des Bürgermeisters Jakob Meier, des kräftigen Beförderers der Reformation, an ihn den Ruf nach Basel[1]. Er nahm ihn an, begab sich aber vorerst nach England. Dort wurde er in die Ehescheidungsfrage Heinrichs VIII. verwickelt. Nach seiner Rückkehr in die neue Heimath war ihm nur kurze Zeit vergönnt, an Oekolampads Seite zu wirken. Im November 1531 stand er an dessen Sterbebette und »fing gleichsam die letzten Züge seines Athems auf«[2]. Einen an ihn ergangenen Ruf, dem Verewigten in der Würde des obersten Pfarrers (Antistes) zu folgen, schlug er aus. Er zog es vor, als Mann der Wissenschaft dieser ausschliesslich und durch sie der Kirche zugleich zu dienen. So geschah es, dass der unlängst von Zürich herbeigerufene Luzerner Oswald Myconius, früher ein tüchtiger Schulmann und seit Kurzem Pfarrer zu St. Alban, statt seiner zum

---

[1] In einem Brief v. 1. April 1529 in den von Bibliander herausgegebenen Epistolis Oecolampadii et Zwinglii p. 176. Gerdesii histor. Reform. im Anhang p. 144 und in der unten angeführten Briefsammlung von Streuber p. 35.

[2] Vgl. dessen Brief an Capito, abgedruckt in der Vorrede zu Oekolampad's Eschiel (Argentor. 1834. 4°) im Eingang zu den Epp. Oecolampadii et Zwinglii und bei Streuber p. 41. m. Leben Oekolampad's p. 177.

Vorsteher der Kirche erwählt wurde (1532). Um eben diese Zeit trat auch Myconius als öffentlicher Lehrer der Theologie (des Neuen Testaments) auf. Weil er sich gleich Anfangs weigerte, den Doctorgrad anzunehmen, so erschien seine akademische Lehrthätigkeit von der Cathedra Myconii aus mehr oder weniger als eine abnorme[1]. Grynäus dagegen ward mit Beibehaltung seiner griechischen Lehrstelle, an die er zunächst war berufen worden, auch zum ausserordentlichen Professor der Theologie erwählt und hielt als solcher exegetische Vorlesungen über das Neue Testament. Nachdem er auf die Einladung des Herzogs Ulrich von Württemberg im Jahr 1534 in Verbindung mit Ambrosius Blaurer zur Einführung der Reformation in Constanz mitgewirkt hatte, kehrte er nach Basel zurück. Er betheiligte sich auch bei dem Friedenswerke mit Luther, dessen Ergebniss (nach Abfassung der zweiten Basler oder ersten helvetischen Confession 1536) die Wittenberger Concordie war. Auch erschien er im Auftrag des Basler Rathes auf dem Religionsgespräch zu Worms (1540), auf welchem vergeblich eine Verständigung mit der römischen Kirche versucht wurde. Grynäus war der einzige schweizerische Abgeordnete; denn Calvin war von Strassburg aus hin gesendet. Bald nach seiner Rückkehr starb Grynäus den 1. Aug. 1541 an der Pest, welche in jener Zeit so viele der Trefflichsten dahin raffte[2].

Die theologische Bedeutung des Grynäus ist, wie schon oben angedeutet, vorzugsweise auf dem exegetischen Gebiet zu suchen. Als Philolog hat er sich verdient gemacht durch eine verbesserte Ausgabe des Plato (auf Grundlage der Ficinischen), durch Vorreden zu Plutarch und zu Euklid. Auch in den mathematischen und physikalischen Wissenschaften, so weit die letztern damals schon gefördert waren, zeigte sich Grynäus nicht unerfahren. Umfassende theologische Werke hat er nicht hinterlassen[3], wohl aber tiefer gehende Spuren einer kräftigen und lebendigen Wirksamkeit.

Neben Myconius und Grynäus erscheinen gleichzeitig als Lehrer der Theologie in Basel Paul Constantin Phrygio, Sebastian Münster, Joh.-Andreas Bodenstein genannt Carlstadt und Martin Borrhaus (Cellarius).

Phrygio, aus Schlettstadt gebürtig, hatte in Basel seine Studien vollendet und ward, nachdem er erst als Pfarrer zu St. Peter die evangelische Lehre praktisch verkündigt hatte, bald nach Einführung der Reformation auf den Lehrstuhl des Alten Testamentes berufen. Er bekleidete indessen die Stelle nicht lange, indem auch ihn der Herzog Ulrich von

---

[1] Vgl. *Melchior Kirchhofer*, Oswald Myconius, Zürich 1818, und meine Biographie (Väter und Begründer der ref. Kirche 2. Band, 1859). Zu streichen ist dort S. 341 das Wort „Baccalaureus". Diese Würde hatte Myconius allerdings schon früher erhalten (S. 317). Nur aus Versehen hat dieses Wort hier sich eingeschlichen.

[2] Theodor *Streuber* im Basler Taschenbuch 1853 und dessen Artikel in Herzog's Realencyklopädie Bd. V. Derselbe Gelehrte hat auch eine Herausgabe der Briefe des Grynäus besorgt: Simonis Grynaei, clarissimi quondam Academiae Basiliensis Theologi et Philologi Epistolae. Basel 1847. Angehängt findet sich ein Verzeichniss der sämmtlichen Schriften des Grynäus, meist philologischen Inhaltes.

[3] Die Athenae rauricae, welche einen genaueren Katalog seiner Schriften geben, erwähnen eines nicht herausgegebenen, von den Erben bewahrten Commentars über den Brief an die Römer und einer Abhandlung über das Abendmahl.

Württemberg, der im Jahr 1534 die Reformation in seinem wieder eroberten Lande einführte, nach Schwaben und zwar nach Tübingen berief. Phrygio folgte dem Rufe 1535 und starb den 1. Aug. 1543. Als theologische Schriften sind zu erwähnen seine Commentare über das 2. und 3. Buch Mose und den Propheten Micha. Ueberdiess hat er ein welthistorisches Werk[1] verfasst und die Geschichte der Hussiten beleuchtet[2].

Sebastian Münster aus Ingelheim in der Pfalz (geb. 1489) gehört zu den Männern, die einen europäischen Ruf erlangt haben. Diesen verdankt er freilich weniger seinen theologischen Leistungen im engern Sinn, als seiner Kosmographie[3] und dem, was er für das Studium der hebräischen und chaldäischen Sprache und des Rabbinischen gethan hat[4]; doch hat er auch neutestamentliche Bücher bearbeitet[5]. Diess hinderte ihn nicht, ähnlich wie Grynäus, auch in das Studium der Mathematik und Astronomie sich zu vertiefen[6]. Auch Münster gehörte zu den Gelehrten, welche aus Bescheidenheit den theologischen Doctorgrad nicht annehmen wollten, er begnügte sich mit dem eines Licentiaten. Er starb den 23. Mai 1552 an der Pest. Die Grabschrift nennt ihn Germanorum Esdras et Strabo.

Nicht ohne Bedeutung und charakteristisch für die Geschichte der Basler Hochschule ist die Erscheinung, dass von den ersten Zeiten der Reformation an solche Männer, die anderwärts ihrer theologischen Ueberzeugungen wegen von Amt und Haus und Land vertrieben worden, in Basel eine Zufluchtsstätte und eine ihren Begabungen angemessene Wirksamkeit fanden[7]. Diess war der Fall mit den beiden aus Wittenberg ausgetriebenen Predigern, Carlstadt und Martin Cellarius (Borrhaus).

Andreas (Rudolf) Bodenstein, genannt Carlstadt, aus Carlstadt in Franken gebürtig, der bekannte College Luther's, der neben ihm auf dem Gespräch zu Leipzig (1519) die Grundsätze des Evangeliums gegen Eck vertheidigt, sich aber dann in einen eigenen, von Luther's Grundsätzen abweichenden Reformationsweg eingelassen hatte, der ihn theilweise in die Irrgänge der Münzer'schen Schwärmerei führte, hatte, nachdem er aus den chursächsischen Landen war vertrieben worden, nach einem längern unstäten Leben ein Unterkommen in Zürich gefunden. Als nun in Basel durch Phrygio's Abgang und die zeitweilige Entfernung Grynäus' in der theologischen Facultät eine Lücke entstand, gelang

---

[1] Chronicon regum regnorumque omnium.
[2] De causa Bohemica.
[3] Cosmographia universalis. lat. 1543, 1545, 1550; deutsch: Cosmographia, d. i. Beschreibung der gantzen Welt u. s. w. in verschiedenen Auflagen von 1544—1621. Fol. Vgl. damit Germaniae descriptio. 1530.
[4] Dictionarium hebraico-latinum 1523, 25, 35. Elias Ben Levi composita verborum et nominum hebraicorum cum notis 1525. Dictionarium trilingue, hebr. graec. et lat. 1530 f. Imagoge elementaris in hebr. lingu. 1535. Mose Kimchi Grammatica iuxta Hebraismum 1531. Biblia sacra hebraica cum translatione latina et annotationibus. 1534. 35 f. Und so noch Mehreres, vgl. Athen. raur. p. 23, 24.
[5] Evang. Matth. et Epist. ad Hebraeos. Bas. 1557. Annotationes in Matthaei Ev. 1537. (1660).
[6] Organum uranicum. 1536. Tabulae Ptolemaicae. 1540. Rudimenta mathematica. 1551 f. Kalendarium hebraicum. 1527. 4°.
[7] Wir erinnern auch an Sebastian Castellio, Erastus (Liebler), Calio Secundo Curione u. A.

es den Bemühungen des Myconius, der darüber mit Bullinger unterhandelte, eine Berufung Carlstadt's zu bewirken (1535)[1]. Zugleich wurde ihm neben der Professur auch die Stelle eines Stiftspredigers zu St. Peter übertragen (1536). Er hatte unterdessen seine Ansichten vielfach modificirt, und so nahm er denn auch neben Myconius und Grynäus, der inzwischen wieder nach Basel zurückgekehrt war, lebhaften Antheil an den durch Martin Bezer eingeleiteten irenischen Versuchen rücksichtlich des Abendmahls. In einem andern Punkte behauptete er nun sogar mit aller Zähheit seines Wesens das Gegentheil von dem was er früher gelehrt hatte. Während er nämlich früher es für unchristlich erklärt hatte, akademische Grade anzunehmen, weil nur Einer, Christus, unser Lehrer und Meister sei, der seinen Jüngern verboten habe, sich Rabbi nennen zu lassen, so wollte er jetzt seinen Collegen, namentlich dem Myconius, den Doctorhut mit Gewalt aufdrängen. In Einem nur scheint er sich gleich geblieben zu sein, in dem ungestümen und störrischen Wesen, wonach schon im Jahr 1515 »Niemand mit ihm gerne wollte zu schicken haben seines Gezänkes halber«, und wodurch er auch zwei Jahrzehnte später seinem frühern Gönner Myconius vielen Verdruss bereitete. Nicht von ungefähr bildete sich daher nach seinem Tode (24. Dec. 1543) die Sage, dass er auch im Grabe keine Ruhe habe, sondern als Gespenst umgehe [2].

Carlstadt's reiche schriftstellerische Thätigkeit liegt jenseits seiner Basler Periode. Eine Anzahl seiner Schriften, das heil. Abendmahl betreffend, war bei einem frühern Aufenthalt Carlstadt's in Basel, mit Missbilligung der Regierung, gedruckt worden. Aus der spätern Zeit sind nur zu nennen seine Thesen, womit er sich in Basel habilitirte 1535 und seine loci communes Scripturæ Sacræ 1540 [3].

Mehr zur Ruhe gekommen als Carlstadt erscheint der Mann, den wir früher unter den Zwickauer Propheten finden, Martin Borrhaus (Cellarius) aus Stuttgart, der Genosse eines Nicolaus Storch und Marx Stübner. Nachdem er 1525 aus Sachsen vertrieben und in Preussen sein Wesen fortgesetzt, auch dort eine Gefangenschaft ausgestanden hatte, kam er nach Basel, und da war es Oekolampad, der seiner mit Sanftmuth sich annahm, ihn nach und nach eines Bessern belehrte und auch Zwingli für ihn zu gewinnen suchte [4].

---

[1] Die Matrikel zu 1535 meldet: Insigni conditione Vir Paulus Phrygio Selestadiens. Collegio Theologorum præfuit: Sub quo Clar. Doctor Andreas Bodenstein Caristadius, dum iure iurando, respondendo ac cæteris hoc genus, pro moribus præstare solitis satisfecisset, in idem collegium publico suffragio cooptatus est.
[2] Jäger, Andreas Bodenstein Carlstadt. Stutg. 1856, der aber gerade über Carlstadt's Lebensperiode in Basel kurz weggeht. Ueber diese kann ausser Kirchhofer's und meiner Biographie über Myconius noch verglichen werden Erbkam im Art. Karlstadt, in Herzogs Realencyklopädie Bd. VII. — Auch auf den Sohn Adam, einen Mediciner, scheint von dem zur Paradoxie geneigten Wesen des Vaters etwas übergegangen zu sein. Er war ein begeisterter Anhänger des Theophrastus Bombastus Paracelsus!
[3] Athen. ranr. p. 23. Ich habe dieselben mir nicht verschaffen können.
[4] Opp. Zwinglii VIII, p. 85. m. Oekolampad S. 109. Auch Capito schrieb an Zwingli über Cellarius: Animo longe meliore est, quam fama esse prædicatur. Opp. Zw. p. 83. Dann schrieb Cellarius an Zwingli selbst 31. Aug. 1527

Seine Uebersiedlung nach Basel fällt in das Jahr 1536, nachdem er oft sehr dürftig sein Leben, unter anderm mit Glaserarbeit, gefristet hatte. Er bekleidete erst den Lehrstuhl der Rhetorik, bis ihm 1544 nach Carlstadt's Tod die Professur des Alten Testamentes anvertraut wurde. Er lehrte mit grossem Beifall und lebte daneben sehr eingezogen. Er starb 1564 an der Pest. Die Stärke seiner Wissenschaft liegt im Philologischen. Er war, wie sich von einem Schüler Reuchlin's erwarten lässt, im Griechischen, Hebräischen, Syrischen, Chaldäischen wohl bewandert, und der grösste Theil seiner schriftstellerischen Thätigkeit bezieht sich auf die Erklärung alter Schriftsteller, namentlich des Aristoteles [1]. Ausserdem hat er Erläuterungen des Alten Testamentes und der Apokalypse, auch eine Dissertation über das hebräische Jubeljahr geschrieben [2]. Dass er indessen auch dem dogmatischen Gebiete nicht fremd blieb, beweisen seine Schrift über die Erwählung, seine im Geiste der Mystik, aber auf Grundlage des reformirten Bekenntnisses geschriebene Abhandlung über die Natur des alten und neuen Menschen und seine 40 Quæstionen über die Rechtfertigungslehre [3]. Auch hat er die schauerliche Geschichte des Apostaten Franz Spyra, die damals grosses Aufsehen erregte, in einer kleinen Schrift beleuchtet [4].

Wir schliessen die Reihe der Baselschen Theologen aus dem Reformationszeitalter mit Wolfgang Wyssenburg, gewöhnlich Dr. Wolf genannt. Er war ein geborener Basler, der Sohn eines Rathsherrn (geb. 1496) und Schüler der einheimischen Universität. Glarean unterrichtete ihn in der Mathematik. Seine Theologie war anfänglich die Mönchstheologie des Jahrhunderts; doch schloss sich sein Sinn bald den reformatorischen Ideen Luther's auf, dessen Schriften auch in Basel Verbreitung fanden. Seit 1522 Priester und seit 1524 Prediger am Spital, schloss er sich an Oekolampad an. Er fing an, die Messe deutsch zu lesen, und als er von den Gegnern angegriffen wurde, forderte er sie durch den Anschlag von Thesen zu einer Disputation heraus, über deren Verlauf und Ausgang uns aber weiter nichts bekannt ist [5]. Nach dem Siege der Reformation in Basel (1529) finden wir ihn als Pfarrer in der kleinen Stadt, bis er 1541 dem Grynäus in der Professur des Neuen Testa-

---

(ibid. p. 87), worin er sich offen über sein früheres Verhältniss zu den Wiedertäufern und seine jetzige Gesinnung ausspricht unter Beilegung der Schrift de operibus Electionis et Reprobationis.
[1] Commentar. in Aristotelis I. de arte Rhetorica. Annotatt. in Aristotelis Politica und dazu mehrere Schriften über Logik und Mathematik. Athen. raur. p. 26.
[2] Comment. in Salomonis Ecclesiasten — in Pentateuchum — in libros Iosuæ, Iudicum, Ruth, Samuelis et Regum, — Commentar. in Esaiam, Iobum et Apocalypsin — De ortu, usu ac discrimine Iubilæorum, quos Deus instituit.
[3] De operibus Dei electionis et reprobationis (1527) — de veteris et novi hominis ortu et natura (1549) — quæstiones 40 de justificatione (1561). Seine Prädestinationslehre findet sich entwickelt bei *A. Schweizer*, prot. Centraldogmen I, S. 133—138.
[4] De usu, quem desperabundi Spieræ exemplum et doctrina afferat judicium. 1550. Diese Abhandlung bildet den Anhang zu der selten gewordenen Schrift: Francisci Spieræ, qui quod susceptam semel evangelicam veritatis professionem abnegavisset damnasseique in horendam incidit desperationem historia. Vgl. *Sixt*, Petrus Paulus Vergerius S. 125.
[5] M. Oekolampad S. 60.

mentes folgte. Er war der erste Basler Doctor der Theologie nach der Reformation. In der streitigen Frage wegen Annahme der Grade war er auf Carlstadt's Seite, der auch sein Promotor war, und zwar fand die Promotion seltsamer Weise durch Handauflegung statt, ähnlich der kirchlichen Ordination.

Nach Carlstadt's Tod 1544 versah Wyssenburg das Pastorat von St. Peter während eines Jahrzehnts. Im Jahr 1554 zog er sich dann auch von der akademischen Thätigkeit zurück und starb den 5. März 1575 [1]. Grössere theologische Werke hat er nicht veröffentlicht. Die von ihm herausgegebenen Schriften waren entweder Gelegenheitsschriften oder Scholien und Excerpte [2].

Sehen wir noch einmal auf das Reformationszeitalter zurück, so finden wir in demselben eine Reihe von Namen, die in der Geschichte der Gelehrsamkeit eine ehrenwerthe, oft eine eigenthümliche Stellung einnehmen. Es sind wohlgeschulte, am Bildungsmassstabe der Zeit gemessen, gebildete Männer, Philologen, Kritiker, Historiographen, wohl auch Mathematiker und Astronomen; aber Theologen im eminenten Sinne des Wortes sind nur Wenige unter ihnen. Basel war kein Wittenberg. Bei aller schönen Kenntniss der biblischen Sprachen und Dinge fehlte es an einem dogmatischen Schwerpunkte, an dem was eine Schule zur Schule macht. Sollen wir aber diess einseitig als einen Nachtheil bedauern? Gereichte die bescheidene Stellung, welche die Theologie als solche den humanistischen und realistischen Wissenschaften gegenüber einnahm, ihr nicht auch wieder zum Vortheil dadurch, dass sie nie aus der Verbindung mit ihnen heraus fiel, nicht in hochmüthiger Ueberhebung sich von ihnen emancipirte und dadurch ihrer besten Lebenskräfte sich beraubte? Hätte doch immer die Theologie ihren Zusammenhang mit den übrigen Gebieten des Wissens, die diese Männer so treulich pflegten, festgehalten, so wäre sie niemals den Cruditäten der Scholastik anheim gefallen, weder vor noch nach der Reformation.

Diese Zeit einer neuen Scholastik blieb indessen nicht aus. Auch sie hatte jedoch wieder ihre Grössen in ihrer Art. Ja, die rechten dogmatischen Grössen tauchen ja auch (wenn wir Melanchthon ausnehmen) in der lutherischen Kirche erst in der zweiten Hälfte des 16. und im 17. Jahrhundert auf. Und wie es sich damit in einem Theile der reformirten Kirche, namentlich in Basel verhalten, soll der nächste Abschnitt uns zeigen.

---

[1] Mit Myconius stand er nicht auf dem besten Fuss. Dieser zog sogar einmal gegen ihn das Messer; siehe Gast's Tagebuch zu 1046 und m. Myconius S. 378.
[2] Athen. raur. p. 78.

III.
Die nachreformatorische Zeit und die Zeit der Streit- und Schultheologie.

Man hat sich längere Zeit mit der in's Allgemeine hin gesprochenen Behauptung zufrieden gegeben, als wäre nach den Tagen der Reformation die Aufgabe der reformirten Theologie mehr die gewesen, das Bibelstudium in gelehrter Weise zu fördern, besonders auch durch die Pflege der orientalischen Sprachen, während die systematische Ausbildung des evangelischen Lehrgehaltes der lutherischen Kirche zugefallen sei. Man hat sich dabei auf die Chemnitz, Hutter, Gerhard, Quenstädt u. a. w. berufen, während man der reformirten Kirche neben dem Ruhm eines Calvin und Beza auch den ihrer Buxtorfe, Grotius, Lightfoot, Bochart wohl gönnen mochte. Allein so wenig wir bestreiten können, dass auch die lutherische Kirche ihres Ortes mit tüchtigen Bibelforschern gesegnet war, eben so wenig dürfen wir übersehen, dass auch die reformirte Kirche ihre vollwichtigen Dogmatiker aufzuweisen hat. Es ist ein Verdienst der neuern Zeit, die längere Zeit verborgenen Schätze wieder an's Tageslicht gefördert zu haben, und hier sind es gerade die Namen unsrer Basel'schen Theologen, die Namen eines Polanus von Polansdorf, eines Wolleb, Zwinger, Gernler, Beck, die neben denen eines Keckermann, Alsted, Alting, Wendelin, Heidegger mit Ehren genannt werden dürfen[1].

Verfolgen wir nun die Reihe der theologischen Professoren von der Mitte des 16. Jahrhunderts bis zum Anfang des 18ten (denn diese Periode fassen wir als die der confessionell-polemischen und sodann der scholastischen Theologie), so finden wir unter denselben auch immer mit genannt die Antistites der Kirche, welche übungsgemäss mit der obersten Pfarrstelle am Münster auch die eines öffentlichen Lehrers der Theologie verbanden und demnach auch den Doctorgrad empfingen. Ja, nicht selten lag gerade in der Persönlichkeit eines solchen Mannes und der Würde seines Amtes der Schwerpunkt der theologischen Facultät. Durch die damals in der kleinen Republik viel vermögenden »obersten Pfarrer« hatte auch die Universität ihre Wurzeln in der Bürgerschaft. Was jeder dieser Männer für die Kirche geleistet hat, kann hier nur in so weit erwähnt werden, als es mit der akademischen Lehrthätigkeit zusammenhängt. Aber eben dieser Zusammenhang ist ein sehr enger und dringt sich uns überall auf.

Wie die Kirche Basels, so hatte auch die hohe Schule den reformirten Lehrtypus angenommen, und wie strenge es anfänglich damit gehalten wurde, beweist unter anderm der Streit mit dem Juristen Amerbach, der Bedenken getragen hatte, an der Feier des

---

[1] Vgl. Al. Schweizer, Glaubenslehre der evangelisch-reformirten Kirche. Zürich 1844—46 und protestantische Centraldogmen II. Zürich 1854—56.

Abendmahls nach reformirtem Ritus theilzunehmen und erst nach längern Verhandlungen sich dazu verstehen konnte [1]. Nichts desto weniger waren es die Basler Theologen vor Andern, welche nach dem Vorgange eines Oekolampad, Myconius und Grynäus auch wieder die Hand zum Frieden mit der Schwesterkirche boten, wo immer sich die Gelegenheit zeigte. Vollends schien sogar ein Umschlagen der reformirten in die lutherische Richtung eintreten zu wollen unter dem Kirchenregimente Simon Sulzer's, dem Nachfolger des Myconius.

Es mag der Kirchengeschichte überlassen bleiben, die Unruhen näher zu erzählen, die sich erst in Bern und dann in Basel seinetwegen erhoben [2]. Seit er im Jahr 1538 mit Luthern sich persönlich wegen des Abendmahls beredet und von ihm einen guten Eindruck erhalten hatte, war er ganz auf dessen Seite und suchte auch Andere zu ihm hinüber zu ziehn. Wie man damals in der lutherischen Kirche von Kryptocalvinisten sprach, so könnte man ihn einen Kryptolutheraner nennen [3]. In seiner Doppelstellung als Superintendent von Röteln, im Dienste des lutherischen Markgrafen Karl von Baden und als Antistes von Basel musste ihm allerdings daran liegen, wo immer möglich eine Verschmelzung beider Kirchen zu Stande zu bringen. Ehe daher noch die schweizerischen Kirchen durch das gemeinsame Band der zweiten helvetischen Confession sich vereinigt hatten, arbeitete Sulzer daran, Basel zur Annahme der von J. Andreä (Schmiedlin) und andern lutherischen Theologen entworfenen Concordienformel zu bewegen. Ein grosser Theil der Basler Geistlichen stand auf seiner Seite. Der Diacon Heinrich Erzberger zu St. Peter, der mit jugendlichem Ungestüm die zwinglische Lehre vom Abendmahl vertheidigte, musste seine Stelle verlassen. Im Cultus wusste Sulzer es durchzusetzen, dass die Orgeln wieder beim Gesang ertönten und an den hohen Festen ein feierlicheres Geläute durch die von Felix V. der Stadt geschenkten Papstglocke die Gemeinde zusammenrief. So weit der Kirchenmann. Und nun seine akademische Stellung. Diese schien in eigenthümlicher Weise ihm verkümmert werden zu wollen, als es sich im Jahr 1563 um seine theologische Doctorpromotion handelte. Sulzer (geb. den 22. Sept. 1508) war der Sohn des Beat Sulzer, Propstes von Interlachen (Hinterlappen), mithin im Concubinat erzeugt. Nun erhob sich, nachdem er schon längere Zeit als Pfarrer und Antistes der Kirche, auch als Professor des Hebräischen (1552) und des Neuen Testamentes (1554) gewirkt hatte, die bei den Doctorpromotionen übliche Frage: an legitimo thoro sit natus. Sulzer wies nach, dass sein Vater allerdings nicht in einer von der alten Kirche eingesegneten Ehe, aber nichts desto weniger, wie man es nun vom

---

[1] M. Oekolampad B. 174.
[2] *Hundeshagen*, Conflicte des Zwinglianismus, Lutherthums und Calvinismus in der Bern'schen Landeskirche. Bern 1842, und meine Geschichte der Baslerconfession, Basel 1827.
[3] Wie weit der Vorwurf einer gewissen Verschmitztheit (astutia), den ihm die Gegner machten, gegründet sein mochte, s. *Tholuck* das akademische Leben des 17. Jahrhunderts S. 321, 322. Tholuck rühmt seine Milde; mit dieser „stehe er allein unter den brennenden Dornbüschen der lutherischen zelotischen Correspondenten in der Marbach'schen Briefsammlung". Desto schlimmer für den Mann, dass er in solche Gesellschaft gerieth!

Standpunkt der Zeit aus ansah, in einer der ehelichen sittlich gleichstehenden Verbindung, d. h. in einer Gewissensehe gelebt, ja dass er, nachdem er zu besserer evangelischer Erkenntniss gelangt, im Sinne gehabt habe, sich öffentlich trauen zu lassen [1]. Diese Erklärung, vor Notar und Zeugen abgegeben [2], wurde als befriedigend betrachtet und der Promotionsakt den 28. Febr. 1563 mit der gehörigen Feierlichkeit vollzogen. Borrhaus war Promotor.

Die Professur des Neuen Testamentes, welche Sulzer bis dahin bekleidet hatte, vertauschte er nach Borrhaus' Tode an die des Alten Testamentes, legte dieselbe aber 1575 freiwillig nieder und kehrte wieder nach dem Tode des Lepusculus [3] (1576) zum Lehrstuhl des Hebräischen zurück. Daneben genoss er noch das Kanonikat von St. Peter. Nachdem er seit 1578 in den Ruhestand war versetzt worden, starb er den 22. Juni 1585. Er hatte 47 Jahre der Kirche, 55 der Schule seine Kräfte gewidmet. Viermal bekleidete er das Rectorat der Universität. Um letztere hat er sich auch durch Stiftung von Stipendien verdient gemacht. In schriftstellerischer Beziehung ist sein im Jahr 1578 dem Bürgermeister von Brunn eingegebenes Bekenntniss vom Abendmahl nicht unwichtig; es bildet einen merkwürdigen Beitrag zur Geschichte des Sacramentsstreites [4]. Weiterhin hat er die Akten des Berner Synodus in's Lateinische übersetzt (1532), den Grund zu einer biblischen Dogmatik gelegt [5], einige Vorreden zu Autoren und Dissertationen geschrieben [6]. Auch finden sich einige seiner Briefe an Calvin in der Briefsammlung des letztern (Genev. 1576) abgedruckt.

Neben Sulzer erblicken wir seinen Schwager und Geistesverwandten Ulrich Koch (Coccius), zugenannt Essig (geb. 1525), Rector des Pädagogiums, dann Pfarrer zu St. Peter und seit 1564 Professor des Neuen Testamentes. Er starb 1585. Geschrieben hat er nichts als eine Vorrede und einen Index zu den Reden Gregors des Grossen (Bas. bei Froben 1551). Auch er eiferte für das Lutherthum und wirkte zur Vertreibung Erzberger's mit.

Ein Zweiter aus dem Geschlechte der Grynäen, Johann Jakob Grynäus, wurde Sulzer's Nachfolger als Antistes, und auch er erscheint sonach unter den Professoren der Theologie. Joh. Jakob Grynäus stammte nicht in directer Linie von Simon Grynäus ab; er war dessen Grossneffe. Sein Vater, Thomas, war Professor in Bern. Dort wurde auch Jakob den 1. Oct. 1540 geboren. Nun aber folgte der Knabe 1546 dem Vater nach Basel, der als Lehrer der griechischen und lateinischen Sprache an das Pädagogium war berufen

---

[1] Analoge Beispiele hiezu finden sich mehrere in der Reformationsgeschichte; siehe: Biographie *Bullinger's* von C. *Pestalozzi* S. 7 u. m. Oekolampad S. 49, Anm. 3.
[2] Vgl. das hierüber ausgestellte notarialische Instrument in der theol. Matrikel Fol. 45.
[3] *Sebastian Lepusculus* (Häslin), geb. 1520, † 1576, bekleidete verschiedene geistliche und Lehrstellen und war als Philolog geschätzt. Vgl. Athen. raur. p. 333.
[4] Abgedruckt (im Auszuge) in meiner Geschichte der Baslerconfession Beilage 6.
[5] Thesaurus locorum communium ex sacris et profanis utriusque linguae auctoribus.
[6] Axiomata 64 de invocatione Dei. Bas. 1563, de vera ecclesia. 1575.

worden. Als Student besuchte er die Vorlesungen eines Borrhaus und Simon Sulzer. Dass er durch letztere für die lutherischen Ansichten gewonnen wurde, darf uns nicht wundern. Später aber war es derselbe Grynäus, der wieder entschieden in die reformirte Bahn einlenkte. Auch er stand zwar eine Zeitlang in Diensten des Markgrafen Karl von Baden zu Röteln, erst als Vicar bis zum Jahr 1563 und dann, nachdem er in Tübingen unter Heerbrand, Schnepf und Jakob Andreä in das lutherische System war eingeführt und daselbst 1564 zum Doctor creirt worden, als Pfarrer von 1565—75. Nachdem er aber in letzterm Jahre die Professur des Alten Testamentes in Basel angetreten und nun auf dem Wege eigener, von fremder Lehrautorität unabhängiger Schriftforschung sich von der Unhaltbarkeit der lutherischen Ubiquitätslehre überzeugt hatte, widersetzte er sich beharrlich der Annahme der Concordienformel, dieser »Pandora«, wie die Reformirten sie nannten. Damit verdarb er es denn freilich mit Sulzer's Anhang und bereitete sich mancherlei Verdriesslichkeiten. Um diesen zu entgehen, folgte er 1584 einem Rufe des Pfalzgrafen Johann Casimir nach Heidelberg, um zur Restauration der dortigen Universität mitzuwirken. Erst nach Sulzer's Tod (1586) kehrte er wieder nach Basel zurück, um jetzt das Vorsteheramt der Kirche und die mit diesem Amte bis zum Jahr 1737 gesetzlich verbundene Professur des Neuen Testamentes zu übernehmen. Es war eine prüfungsvolle Zeit. Die vom Bischof Jakob Christoph Blarer angestiftete Gegenreformation machte gewaltige Fortschritte [1]. Mehrere Gemeinden des untern Bisthums sind bei diesem Anlasse von der reformirten Kirche Basels abgerissen und wieder unter den Krummstab des Bischofs zurückgeführt worden. Um so dringender musste Basel das Bedürfniss fühlen nach einem engern Anschluss an die übrigen Schweizerkirchen. Gelang es nun auch Grynäus vor der Hand nicht, die Basler zur Annahme der zweiten helvetischen Confession zu bewegen, so suchte er dagegen der unter Sulzer beseitigten ersten Baslerconfession vom Jahr 1534 wieder zu ihrem Ansehn zu verhelfen, indem nun auch die erklärenden Randglossen wieder hergestellt wurden [2]. Auch mit der Regierung kam er als Haupt der Geistlichkeit, deren Recht er vertheidigen zu müssen glaubte, theilweise in Conflict. Diess hinderte aber nicht, dass unter Umständen auch die Regierung ihm wieder ihr Vertrauen schenkte und ihn mit Aufträgen beehrte. So wurde er 1587 vom Rathe nach der damals mit der Eidgenossenschaft verbundenen Stadt Mülhausen abgeordnet, um nach Beseitigung der dort ausgebrochenen Unruhen die aufgeregten Gemüther zu versöhnen und die kirchlichen Verhältnisse daselbst zu ordnen [3]. War er schon früher (1573—74) vom Grafen Friedrich nach Mömpelgard berufen worden, um dort die Reformation durchzuführen, so finden wir ihn nun auch 1588

---

[1] J. Burckhardt (Antistes), die Gegenreformation in den ehemaligen Vogteien Zwingen, Pfeffingen und Birseck des untern Bisthums Basel. Basel 1855.
[2] M. Geschichte der Baslerconf. S. 140 ff.
[3] Dan. Kraus, die bürgerlichen Unruhen in der Stadt Mülhausen in den Jahren 1586 und 87 in den „Beiträgen zur Geschichte Basels" I.

als Abgeordneten auf der Disputation zu Bern, auf welcher der streitsüchtige Samuel Huber von Burgdorf gegen Abraham Musculus die Lehre von der Allgemeinheit der Gnade in einer Weise verfocht, die ihn sogar den Lutheranern verdächtig machte [1]. Wie sich erwarten lässt, verfocht Grynäus entschieden die streng calvinische Lehre. Um so auffallender möchte es erscheinen, dass Arminius ihn zum Manne seines Vertrauens machte, indem er ihm im Jahr 1591, also noch vor Ausbruch der remonstrantischen Streitigkeit, sein Glaubensbekenntniss mittheilte. Als Beweis der allgemeinen Achtung, welche Grynäus genoss, mag auch noch angeführt werden, dass er im Jahr 1592 im Namen der vier reformirten Schweizerstädte Basel, Bern, Zürich und Schaffhausen an den Pfalzgrafen Friedrich IV. gesandt wurde, um ihn bei dessen Regierungsantritt zu beglückwünschen. Fünf Jahre vor seinem Tode hatte er das Unglück zu erblinden, aber auch in diesem Zustande hörte er nicht auf zu predigen und Vorlesungen zu halten. Er starb den 13. August 1617. Die Grabschrift rühmt an ihm *Simplicitas cordis, sinceritas doctrinæ, vitæ integritas* [2].

Haben wir auch von J. Grynäus nur wenige theologische Werke von bedeutendem Umfange, so entschädigen uns dafür eine beträchtliche Anzahl grösserer und kleinerer dogmatischer Abhandlungen [3]. Dazu kommt Exegetisches über das Alte und Neue Testament [4] und auch Patristisches [5]. Als Erbauungsschrift ist zu nennen sein »Trostbüchlein in Pestzeiten« mit einer Erklärung des 91. Psalmes (1582); auch sind noch mehrere Sammlungen Predigten von ihm vorhanden [6]. Besonders merkwürdig sind endlich die noch erhaltenen Briefe, die auf die Zeitgeschichte einiges Licht werfen [7].

---

[1] *Trechsel*, Sam. Huber im Berner histor. Taschenbuch 1854. *H. Schweizer*, Centraldogmen I, S. 501 ff. Vgl. Herzog's Realencykl. Bd. VI.

[2] *Stieruber* in Herzog's Realenc. a. a. O. Athen. raur. p. 20 ss. Vgl. auch J. J. Grynæi vita et mors ex variis ipsius scriptis collecta et edita a Joh. Jac. et Hieronymo a Brunn, Bas. 1618, und *Tholuck* a. a. O. S. 322.

[3] Theses de Sacramentis — Disp. de censura veræ et falsæ religionis, 1583. — Theoremata de agno Dei iam inde a lactis mundi fundamentis mactato, 1584. — Theses de episcopo christiano, 1586, u. s. w. Gesammelt wurden diese Dissertationen Genf 1584, 86 in 4°. Dazu kommen: Commonefactio de eucharistia. Herborn 1589. Urim et Thummim s. de oraculo Dei in rebus obscuris 1580. — De ultimo adventu Jesu Christi ad iudicium 1595. — De peccato originis (1595) u. a. m.

[4] Commentarius in Haggæum, Gen. 1581. — Theses analyticæ in ep. ad Galatas, Bas. 1582. — Commentatio in Malachiam, 1583. — Explanatio Ep. ad Hebræos, 1587. — Exegesis Ep. ad Roman., Bas. 1591. — Enarratio aliquot Psalmorum, item Jonæ, Habacuci u. s. w. Auf der Frey-Grynäischen Bibliothek findet sich ein Manuscript vor: In Isaiam Prophetam familiarium *παφρουσίων*. Decas 1—6. das der Katalog als vermuthliches Werk des J. J. Grynäus anführt.

[5] Monumenta S. Patrum græcorum et latinorum orthodoxographa. 2 Bde. 1569 f

[6] Vier christliche Predigten zu underschiednen Tagen in dem Münster zu Basel gehalten durch Ioannum Iacobum Grynæum. Basel (Seb. Henric Petri) 1587. 4°. Dreizehn christenliche Predigten u. s. w. Ebend. Christliche Predigten über die zween schönen Psalmen Davids (Ps. 67 u. 127). 1588. (Diese wurden von dem Antistes in verschiedenen Gemeinden der Landschaft gehalten.) Dazu kommen auch die bei der oben erwähnten Mission nach Mülhausen 1587 gehaltenen vier Predigten von christlicher Liebe und burgerlicher Vereinigung — ferner Predigtentwürfe über den Propheten Joel, eine Anzahl Leichen- und Gelegenheitspredigten und eine praktische Erklärung des Briefes an die Philipper.

[7] Es existiren davon zwei gedruckte Sammlungen, die eine von *Scultetus* (Offenb. 1612); Epistolæ Selectæ (zum

Wir haben oben erwähnt, dass Jakob Grynäus im Jahr 1584 nach Heidelberg sich begeben hatte. Schon früher (1587) war Sulzer in den Ruhestand versetzt worden und Koch war häufig durch Krankheit verhindert zu lesen. So trat mit 1584 eine Art von Interregnum ein, in welches nach getroffener Anordnung die Docenten Christian Wurstisen, Joh. Brandmüller und der Professor der Beredsamkeit, nachmaliger Rector des Gymnasium, Johann Beat Hehl (Helius) sich theilten [1]. Nur die beiden Erstern wurden in der Folge zu der Professur des Alten Testamentes befördert."

Christian Wurstisen [2], Sohn des Basler Rathsherrn Pantaleon Wurstisen, wurde geboren 1544. Seine Lieblingsfächer waren Mathematik und Geschichte. Von seinen theologischen Leistungen ist weniger zu sagen, als dass er die streng reformirte Gesinnung auch in seinen geschichtlichen Werken [3], namentlich in seiner Baslerchronik an den Tag gelegt hat [4]. Nur kurze Zeit bekleidete er die ihm übertragene Professur des Alten Testamentes, neben welcher er die der Mathematik beibehielt. Er blieb auch Mitglied der philosophischen Facultät, vertauschte aber schon 1586 die akademische Stellung mit der politischen eines Stadtschreibers. Er starb 1588.

Johann Brandmüller aus Biberach in Schwaben, geb. den 4. April 1533, der Sohn einfacher Bürgersleute, begann seine Studien in Tübingen und vollendete sie in Basel. Er bekleidete erst Pfarrstellen in den nachmals abgetrennten Dörfern Therwill und Allschwil, dann bei St. Theodor in der kleinen Stadt. Im Jahr 1581 erhielt er die Professur des Hebräischen, und nachdem er (wie oben bemerkt) 1584 in die Lücke getreten, erhielt er 1586 die Professur des Alten Testamentes an des abgetretenen Wurstisens Stelle. Er scheint sich mehr auf dem pfarramtlichen als auf dem wissenschaftlichen Gebiete ausgezeichnet zu haben. Auch das Wenige, das von ihm gedruckt wurde, zielt mehr auf das Praktische [5].

Als bedeutender Dogmatiker der reformirten Kirche und darum auch als eine der

---

Theil Dissertationen); unter diesen ist für die Pfälzische Kirchengeschichte wichtig ein Gratulationsschreiben an Peucer, Melanchthon's Schwiegersohn, bei dessen Befreiung aus der Gefangenschaft, und die andere von *Ipinus*; Epistolæ Familiares LXVI ad Ch. A. Julium J. U. D. et Consiliar. Norimb. (Francof. 1715). In einem dieser Briefe (vom 25. Juli 1582) drückt *Grynäus* seine Befriedigung aus über den blühenden Zustand der Universität unter dem Rectorate Fel. Plater's, p. 34: Magis magisque efflorescit Academia nostra et crescit ex miserandis ruderibus aliarum scholarum. Er nennt unter den Studierenden drei Grafen von Solms, einen von Sain-Witgenstein, einen polnischen Grafen von Osteros, mehrere Barone u. s. w.

[1] Ueber letztere siehe das unlängst erschienene Schulprogramm des humanistischen Gymnasiums von Dr. R. Burckhardt, Basel 1860.
[2] Nach der pedantischen Sitte der Zeit hat er seinen Namen in Allasideros gräcisirt. Lateinisch heisst er Urstisius.
[3] Unter diesen zeichnet sich ausser der bekannten Chronik Basels seine Sammlung der deutschen Historiker von Heinrich IV. bis 1400 aus. (Frankf.) 1670.
[4] In seiner Beschreibung des Münsters nennt er die Orgel eine „Papstleier" und vergleicht die Glocken „grossen Kübeln"; s. m. Geschichte der Baslerconf. S. 94.
[5] Dialogi XII de fructibus fidei. Conciones funebres atque nuptiales, Bas. 1608. — Duo Dialogi de resurrectione et vita æterna.

ersten Zierden der Basel'schen Theologenschule tritt uns beim Wendepunkt des 16. und 17. Jahrhunderts entgegen Amandus Polanus von Polansdorf, der Verfasser eines viel gepriesenen und viel gebrauchten Systema Theologiae christianae. Einem adelichen Geschlechte entstammend, wurde er zu Oppeln in Schlesien[1] geboren, den 16. December 1561. In lutherischen Traditionen aufgewachsen, doch wie vermuthet wird durch Philippistische Lehrer des Breslauer Gymnasiums auf Calvin vorbereitet[2], war er durch die Stelle Röm. IX, der er immer tiefer nachdachte, auf die Lehre von der unbedingten Gnadenwahl geführt worden, und diese vertheidigte er nun auch gegen Jakob Andreä. Auf den Rath seiner Freunde wandte er sich 1583 nach Basel, mit Empfehlungen an J. J. Grynäus versehen. Er besuchte Genf und Heidelberg, kehrte aber nach Basel zurück und erhielt im October 1590 die Doctorwürde. Zwei Jahre verweilte er auch in Mähren unter den böhmischen Brüdern. Im April 1596 trat er an Brandmüller's Stelle als Professor des Alten Testamentes auf, nachdem er sich zuvor vielfach mit Philosophie beschäftigt und eine Synthese zwischen den sich bekämpfenden Systemen des Aristoteles und Peter Ramus versucht hatte. Er ehlichte die Tochter des Jakob Grynäus, die ihm aber starb, worauf er eine zweite Frau heirathete. Er selbst starb an einem hitzigen Fieber den 17. Juli 1610.

Das Leben und die Wirksamkeit des Polanus fällt in die Zeit, da der Riss zwischen der lutherischen und der reformirten Kirche als ein vollendeter hervortrat. Polanus glaubte sich berufen, den strengen Calvinismus zu vertheidigen. Es scheint, dass seine prädestinatianischen Ansichten bei den milder gesinnten Reformirten in Basel Anstoss gaben. Es hatte sich das Gerücht verbreitet, »man lehre an der Universität von Religionssachen, wie man es öffentlich nicht predigen dürfe«[3]. Diess bewog ihn, eine Apologie in deutscher Sprache erscheinen zu lassen unter dem Titel:

»Kurzer Inhalt der ganzen Lehr, welche in der theologischen Schule der lublichen Universität zu Basel, belangend die jetziger Zeit streitige Religionspunkten geführt wird«. (Getruckt zu Basel durch Andream Koller, 1610. 12⁰.

Er beruft sich darin auf Theodor Beza, dem er seine lateinischen Dissertationen mitgetheilt und der sie gebilligt habe. Dieser sei nun »durch die Gnad' Gottes bis in's 82ste Jahr seines Alters bei gutem Verstand und Gedächtniss erhalten worden, während seiner und der Wahrheit Feinde entweder gestorben und verdorben oder durch sich selbst zu Schanden geworden seien.« Nicht mit Unrecht beruft sich dann Polanus auch auf Luther, der in seiner Schrift de servo arbitrio gegen Erasmus ganz dasselbe gelehrt habe.

---
[1] Nicht zu Troppau, wie die Athen. raur. unrichtig angeben. In der Matrikel heisst er Oppaniceasis und wird bezeichnet als vir nobilitate, pietate, doctrina morumque integritate ornatissimus.
[2] Tholuck a. a. O. S. 326.
[3] „Einige Ehrenburger, welche von der Theologie urtheilen wie ein Schuhmacher von der Malerkunst und ein Blinder von der Farbe", sollen sich bei Gastmählern und Hochzeiten über dem Wein haben vernehmen lassen, „Polanus und sein Schwiegervater Grynäus führten eine Lehre, dass wenn das die Burger zu Basel wüssten, sie dieselben keineswegs in ihrer Stadt dulden würden."

was er lehre, und zeigt, wie die, welche jetzt die ächten Lutheraner zu sein sich dünkten, am meisten von Luther abwichen. Den Vorwurf, dass man auf der Universität anders lehre als auf der Kanzel, den Unverstand und Bosheit zu allen Zeiten benützt haben, um wissenschaftliche Erörterungen zu verdächtigen, weist er damit ab, dass eben »die Form und Art auf der Universität zu lehren«, eine andere sei und sein müsse, als die, deren sich der Prediger auf der Kanzel bedient; aber der Inhalt der Lehre sei darum doch derselbe. Indem er die Baslerconfession zu Grund legt und sich zum Theil wörtlich an sie anschliesst, entwickelt er nun die Lehre von der Prädestination, die sich im ersten Artikel der Confession nur mit wenig Worten angedeutet findet, nach dem Standpunkte seiner Theologie in folgenden von uns in's Kurze zusammengefassten Sätzen:

»Wir lehren, dass die Ursache, durch welche Gott ist bewegt worden, von Ewigkeit her zu erwählen, nicht ausser Gott, sondern in Gott zu suchen sei.«

»Gott hat uns erwählt, nicht weil wir würden glauben, sondern auf dass wir glauben, nicht weil wir würden würdig erfunden werden, sondern auf dass wir würdig werden; nicht weil wir würden wollen, sondern weil er gewollt; auch nicht weil Christus für uns würde sterben, sondern auf dass er für uns sterbe; denn Christus hat sich geheiligt für die, welche ihm der Vater gegeben hat (Joh. 17. 19), nicht aber, dass sie ihm der Vater erst alsdann gebe.«

»Von der Zahl der Auserwählten lehren wir, dass derselben viel seien aus allerlei Völkern, Geschlechtern und Zungen, also dass sie niemand zählen kann, wiewohl ihrer gegen den Haufen der Verworfenen wenig sind.«

»Wir lehren, dass alle Auserwählten gewisslich und eigentlich selig werden und nie einer von denen, die Gott zum Reich der Himmel verordnet hat, könne verloren werden.«

»Wir lehren, dass uns Gott dazu erwählet hat, auf dass wir wären heilig und unsträflich vor ihm in der Liebe, wesshalb die Auserwählten nicht ihres Gefallens in Sünden leben sollen, sondern durch rechte Gottseligkeit und christlichen Wandel ihre Wahl fest machen.«

»Wir lehren, dass man die Gnadenwahl nicht im heimlichen Rath Gottes, sondern im heiligen Evangelio suchen soll, darin sie geoffenbart.«

»Wir lehren, dass Alle, die wahrhaft an Jesum Christum glauben und ihren Glauben durch Liebe, Geduld und Hoffnung erweisen, gewisslich zum ewigen Leben erwählt sind, und dass sie keineswegs an ihrer Gnadenwahl zweifeln, wie denn auch der heilige Geist ihrem Geiste Zeugniss giebt, dass sie Kinder Gottes sind.«

Entsprechend diesen Lehren über die Prädestination sind auch die rein calvinischen Lehrsätze des Polanus über das heil. Abendmahl.

»Wir lehren, dass des Herrn Nachtmahl sei ein Sacrament der »Auferziehung im christlichen Wesen und Leben« (also es hat einen pädeutischen Zweck). — »Wir werden mit Leib und Blut Christi ernähret zur Hoffnung des ewigen Lebens, gleich wie wir mit Brot und Wein zu dieses Lebens Aufrechterhaltung gespeist werden.« — »Wir lehren, dass der Leib und das Blut Christi wahrhaftig im heil. Nachtmahl seien, uns wahrhaftig angeboten und dargereicht und auch wahrhaftig von uns empfangen werden, obschon dieses alles geistlicher Weise und durch den Glauben geschieht; es ist nicht von nöthen, dass der Leib und das Blut des Herrn vom Himmel herab in diese irdischen Elemente gezogen werden, obschon dieses alles allein geistlicher Weise und durch den Glauben geschieht. — Wir sollen nicht »fleischlicher und niederträchtiger Weise« an dem vorgelegten Brot halten und hangen, sondern unsere Herzen erheben, unsere Gemüther durch den Glauben erhöht und aufgerichtet haben gen Himmel, da Christus ist im himmlischen Heiligthum mit seinem Leib und Blut, von welchem wir an unsern Seelen gesättigt werden und leben.« —

Endlich noch in einer ebenfalls streitig gewordenen Lehre über Christi Hinabfahren zur Unterwelt stellt sich Polanus auf die reformirte Seite (p. 20), indem er dabei nicht an ein örtliches Hinabsteigen an den Ort der Verdammten, sondern an das Seelenleiden in Gethsemane gedacht wissen will.

Wir haben diese Sätze mitgetheilt, weil sie nicht nur als die Privatmeinung des Polanus, sondern nach Aussage des Titels als die Lehre der theologischen Schule Basels aufgestellt worden und weil in ihnen also mehr oder weniger ein Typus des damals amtlich Verkündigten zu erblicken ist.

Aber auch eine weitere Darstellung des ganzen Lehrsystems, wie dasselbe in Polanus' Syntagma entwickelt ist[1], hätten wir gerne folgen lassen, wenn es der einem Programme zugemessene Raum gestattet hätte, wäre es auch nur gewesen, um doch wenigstens von dem enormen Aufwande an Fleiss und Scharfsinn, an logischer und ethischer Kraft eine Vorstellung zu geben, an welchen es die Männer jener Zeit nicht fehlen liessen. Wie man auch immer über das Einzelne in materieller und formeller Hinsicht urtheilen möge, so wird man auch bei dem Studium dieses Werkes, wie ähnlicher, von einem gerechten Staunen ergriffen über die Concentration des ganzen Denkens auf einen gegebenen Punkt hin, und nur der wird in solchen Arbeiten eine reine Zeitverschwendung erblicken, der auch die geistigen Erzeugnisse nur nach dem materiellen Ertrag schätzt. Allerdings waltet in dem Lehrbuche des Polanus nicht jener originale und schöpferische Geist, der dem Denker neue Bahnen bricht. Eine Vergleichung z. B. mit den Institutionen

---

[1] Ausser dem dogmatischen Hauptwerke sind von theologischen Schriften des Polanus noch zu nennen: Symphonia catholica, Bas. 1607. Gen. 1612. Commentar. In Danielem; Analysis in Hoseam atque Malachiam, Bas. 1597. Orationes academicæ (darunter eine de vita et obitu Oecolampadii) Didascalia de Prædestinatione, 1598, und noch mehrere Dissertationen. — Das Syntagma erschien erst ohne Angabe des Druckortes 1609, sodann zu Hanau 1610, zuletzt Frankfurt 1655. Nach seinem Tode wurden seine Theses Bellarmino oppositæ von dem oben genannten Joh. Georg Gross, Bas. 1613, herausgegeben. — Auch eine Art von Homiletik verfasste er u. d. T.: Institutiones de concionum sacrarum methodo, Bas. 1610. — Seine philosophischen Principien finden sich entwickelt in seinem Syntagma logicum, Bas. 1606, 11 und Logicæ libri II juxta naturalis methodi leges, Herborn 1593.

Calvin's wird zeigen, dass unser Verfasser auf schon zubereiteten Pfaden wandelt; aber doch wird eine gewisse Eigenthümlichkeit der Behandlung und eine die grosse und oft spröde Masse des Stoffes bewältigende Energie des Geistes nicht zu verkennen sein[1].

Obgleich nun aber Polanus der erste bedeutende Dogmatiker war in der Reihe der Basler Theologen (denn die Stärke seiner Vorgänger lag mehr auf dem philologisch-exegetischen und historischen Gebiete), so hat er doch nicht den Lehrstuhl der Dogmatik bekleidet aus dem einfachen Grunde, weil ein solcher noch nicht existirte, sondern den des Alten Testamentes. Ist es aber zufällig, dass gerade im Todesjahr des Polanus (1610) das Bedürfniss nach einem eigenen dogmatischen Lehrstuhl mehr als je gefühlt wurde? Der akademische Senat warf seine Blicke auf Joh. Georg Gross (geb. 1581 zu Basel, † 1630), Pfarrer zu St. Peter seit 1611, und übertrug ihm ausserordentlicher Weise das Lehrfach der systematischen Theologie, oder, wie es genannt wurde, *locorum communium et controversiarum*, d. i. der Dogmatik und Polemik. Zugleich mit ihm wurden zu Doctoren der Theologie promovirt und zu öffentlichen Lehrern derselben eingesetzt Wolfgang Meyer, Pfarrer zu St. Alban (geb. 1577, † 1653) und Sebastian Beck (geb. 1583), beide aus Basel gebürtig[2]. Beide besuchten im Jahr 1618 die eben eröffnete Synode von Dordrecht. Wir haben noch den Reisebericht der beiden Herren, aus dem aber wenig für die Geschichte der Synode selbst, mehr für die Culturgeschichte der Zeit zu entnehmen ist[3]. So viel wissen wir aus den Akten der Synode, dass Beck seines Ortes im Geiste seiner Lehrer J. J. Grynäus und Polanus die strenge Prädestinationslehre gegen die Arminianer vertheidigte[4]. Er soll auch späterhin immer nur mit der grössten Ehrfurcht von der »hochheiligen Synode« gesprochen und jedesmal bei Nennung ihres Namens sein Käppchen gelüpft haben. Beck starb, nachdem er auch England und Frankreich bereist und verschiedene Dissertationen geschrieben hatte, den 9. März 1654 am Schlage.

Eine nicht unbedeutende Stellung in der Geschichte der theologischen Wissenschaft nimmt Beck's Nachfolger in der Professur des Alten Testamentes[5] und zugleich der Nachfolger des Grynäus im Antistitium ein, Johann Wolleb. Sein Grossvater stammte aus dem Kanton Uri, hatte sich aber nach Basel übergesiedelt, im Jahr der Schlacht von St. Jakob 1444 das Bürgerrecht erhalten. Der Vater, Oswald, war Rathsherr. Wolleb scheint sich lediglich in Basel gebildet zu haben. Nachdem er erst die Stelle eines Pfarrers in

---

[1] Günstig urtheilt über ihn ein neuerer deutscher Theologe. Dr. W. Gass, Geschichte der protestantischen Dogmatik S. 397: „Polanus giebt das erste Beispiel einer genau exponirenden und distinguirenden causalistischen Bearbeitung." Vgl. überhaupt den ganzen Abschnitt S. 390—404, und den Artikel von *Neudecker* in Herzog's Realencyklopädie Bd. XI.

[2] Das Nähere über ihr Leben und ihre Schriften Athen. raur. p. 83 u. 85.

[3] *Gros*, Beiträge zur Kenntniss der Geschichte der Synode von Dordrecht. Basel 1825. Vgl. das treffende Urtheil von *Tholuck* a. a. O. S. 326, 27.

[4] Sessio 78 vom 11. Febr. 1019. Athen. raur. p. 89.

[5] Beck war zum Prof. des Neuen Testamentes befördert worden; es fand ein Vorrücken der Professuren statt.

St. Elisabeth bekleidet, gelangte er 1618 an die beiden vereinigten Stellen. Er starb den 24. Nov. 1629 an der Pest. Als Beweis seiner Bescheidenheit wird angeführt, dass er erst auf längeres Zureden seiner Freunde sich bewegen liess, die theologische Doctorwürde anzunehmen. Die These, die er bei diesem Anlass vertheidigte, war das Lieblingsthema der Zeit, die Prädestination. Was ihm aber einen Namen gemacht hat, der auch in neuerer Zeit wieder zu Ehren gezogen worden, ist sein im Jahr 1626 zuerst erschienenes, dann wieder 1634 aufgelegtes Compendium der Dogmatik, das längere Zeit bei akademischen Vorlesungen zu Grunde gelegt und auch in's Englische übersetzt wurde[1]. Es zeichnet sich weniger durch Originalität der Gedanken oder durch jene Bewältigung der Masse aus, die wir an Polanus bewundern, als durch eine gewisse Concinnität und geschickte Vertheilung und Anordnung des Stoffes[2]. Ausser diesem Compendium hat Wolleb nur noch einzelne Dissertationen und Predigten herausgegeben.

Auf ihn folgte in der Reihe der obersten Pfarrer Theodor Zwinger, ein geborner Basler. Er stammte aus einer ärztlichen Familie. Sowohl sein Vater, Jakob, als der noch berühmtere Grossvater Theodor waren Mediciner[3]. Er verlor jedoch frühzeitig seine Eltern, und als er seine philosophischen Vorstudien vollendet hatte, schwankte er lange zwischen dem Studium der Heilkunde und dem der Theologie. Er fiel in eine lebensgefährliche Krankheit und in dieser that er das Gelübde, wenn er genese, sich der Gottesgelehrtheit zu widmen. Beides geschah[4]. Nun warf er sich mit allem Eifer auf die Theologie. Nächst der heil. Schrift waren es besonders Calvin's Institutionen, die er gründlich durcharbeitete. Nachdem er Deutschland, Belgien, England, Frankreich bereist hatte (solche Reisen ersetzten den längern Besuch auswärtiger Hochschulen), kehrte er nach Basel zurück. Er versah erst mehrere Kirchenstellen, zuletzt die eines Pfarrers zu St. Theodor, bis er 1630 zum Antistes gewählt ward. In Folge dessen wurde er nun auch Professor und zwar zunächst des Alten Testamentes. Seine Inauguralrede behandelte die Frage, was von der Seligkeit unsrer Vorfahren zu halten, die in der Finsterniss des Papstthums gelebt hätten[5]. Die Rede ist eine Vertheidigung gegen die von römisch-katholischer Seite her

---

[1] Christianae Theologiae Compendium, accurata methodo sic adornatum ut ad Ss. Scripturas legendas, ad locos communes digerendos, ad controversias intelligendas sit manuductio. Amst. 1633. — Englisch: *Christian divinity*.

[2] Das Urtheil *Ebrard's* beschränkend, der in seiner Dogmatik I, S. 65 Wolleb „einen der geistvollsten Dogmatiker nennt, die je gelebt haben, einen wahren Petrus Lombardus oder Magister sententiarius für die reformirte Scholastik", begnügt sich *Gass* a. a. O. damit, an ihm „die Reinheit und Schärfe des dogmatischen Denkens" zu rühmen und nennt seine Arbeit einen „wohlgeordneten Abriss". Damit stimmt auch *Al. Schweizer* ref. Dogmatik S. 130, prot. Centraldogmen II, S. 26.

[3] Ueber die Familie der Zwinger s. Beilage I.

[4] „Er genas," sagt *Ochs*, „und wurde ein Erzcalvinist" (Geschichte Basels VI, S. 749.

[5] Quid de salute Maiorum nostrorum, qui olim. ante susceptam Reformationem in gremio vixerunt Papatus, piis mentibus sit statuendum; abgedruckt in: Syntagma selectarum exercitationum theologicarum. Bas. 1657. 4°. Dieses Syntagma enthält eine beträchtliche Anzahl von Dissertationen über verschiedene theologische Fragen, welche die Zeit bewegten. Darunter befinden sich auch solche, die an die alte Scholastik erinnern, wie die in der Diss. de incar-

erhobene Beschuldigung, als lehrten die Protestanten, ihre Vorfahren seien schlechthin verdammt, Zwinger weist diese Anschuldigung auf's Entschiedenste zurück. »Zu keinen Zeiten, sagt der Redner, haben wir uns angemasst, dem Richteramte Gottes vorzugreifen oder seiner Allmacht Schranken zu setzen. Selbst den Heiden schliessen wir die Thüre des Himmels nicht zu [1]. Wie viele unsrer Vorfahren, die unter dem Papstthum gelebt haben, haben entweder aus Unwissenheit die Irrthümer desselben getheilt, oder sie haben, wie das von Vielen geschehen ist, sich schon damals diesen Irrthümern widersetzt.« Zum Beweis dafür werden dann eine Menge Testes veritatis aufgeführt aus der Reihe der Kirchenväter, der Concilien, der Kaiser u. s. w., und dann noch eine grosse Reihe der geheimen Gegner und der auf halbem Wege stehen gebliebenen Semipapisten. Der Schluss der Rede ist: Nolo proscribere omnes, nolo absolvere omnes. Damno qui ore Dei damnantur, qui fiduciam nullam posuerunt in Christo u. s. w. — Warum, fragen aber die Gegner, seid ihr denn nicht im Papstthum geblieben, wenn man auch in demselben selig werden kann? Darauf hat Zwinger die Antwort: »Im Papstthum konnten sie wohl selig werden; aber man beweise uns, dass sie durch das Papstthum es geworden sind. Noah wurde in der Sündfluth, aber nicht durch dieselbe, vielmehr aus derselben durch die Arche gerettet; Daniel erfuhr die Hülfe Gottes in der Löwengrube nicht durch die Löwen, sondern durch Gottes Engel.«

Eben sollte Zwinger zur Professur des Neuen Testamentes vorrücken, als er den 27. Dec. 1654 durch den Tod dahin gerafft wurde.

Von seiner hingebenden Pastoralwirksamkeit, besonders auch während der Pest, ist hier nicht zu reden; nur daran sei erinnert, wie die Kraft jener Männer ausreichte, beiden Aufgaben zu genügen, von denen jede ihren ganzen Mann fordert, wie dieselben Persönlichkeiten hier auf der Kanzel, dort an den Kranken- und Sterbebetten den Trost eben derselben christlichen Wahrheit verkündigten, deren wissenschaftliche Erforschung sie nicht nur nebenher als Liebhaberei, sondern in gründlichster Weise als bleibender Beruf beschäftigte.

Betrachten wir Zwinger's theologische Leistungen noch etwas näher. Schon als Jüngling hatte er unter Alting's Vorsitz in Heidelberg die Frage erörtert, die damals eine theologische Lebensfrage war, ob die Erwählung bedingt sei durch das Vorherwissen des Glaubens [2]? So lehrten bekanntlich die Lutheraner, während die Reformirten das Gegentheil behaupteten. Zwinger trat entschieden auf die reformirte Seite mit Abwehr des Lutherischen.

---
natione Filii: An clauso manente utero B. Virginis Christus emerserit? Beachtenswerth sind dagegen die Abhandlungen, welche sich auf das Glaubensprincip der protestantischen Kirche beziehn, mit beständiger Abwehr der Einwürfe von Seiten Bellarmin's und der katholischen Dogmatiker. So die Disputatio de discrimine fidei Electorum et Daemonum (nach Jac. 2, 19), de Missione Filii Dei, de Sanctorum perseverantia: Diatribe in primum Psalmum Davidis u. a.

[1] Hierin ganz in Uebereinstimmung mit Zwingli!
[2] Disputatio theol. de fide, an ex eius previsione pendeat aeterna Dei electio. Heidelb. 1618. 4°.

Ein grösseres dogmatisches Werk von seiner Hand liegt nicht vor; dagegen hat er ausser den schon oben erwähnten Dissertationen einen Commentar über den Brief an die Römer[1] geschrieben, auch Calvin's Institutionen erläutert[2]. Kurz vor seinem Tode arbeitete er eine Schrift über das heil. Abendmahl aus, die von seiner Wittwe, einer geborenen Buxtorf, und seinen Söhnen 1655 im Druck herausgegeben wurde. Den Grund dazu hatte eine im Jahr 164f gehaltene Predigt gegeben, die er nun weiter in einer dogmatischen Abhandlung ausführte[3]. Die Zuschrift an den Rath ist charakteristisch: »Wie es zur Zeit des Auszugs der Kinder Israel aus Aegypten gegangen, dass bei der wilden Flucht die Zusammengehörigen sich selbst nicht gekannt haben, so ergieng es auch bei der Flucht aus der alten Kirche. Die sonst so reich mit den Gaben des heil. Geistes gesalbten Reformatoren haben einander selbst nicht kennen und verstehen wollen, daher die traurige Spaltung, über welche ein Melanchthon so laute Klage erhoben.« Die vorliegende Abhandlung soll dazu dienen, diese Missverständnisse zu heben. Dass Zwinger, vom calvinischen Standpunkte aus, die geistliche Gegenwart Christi im Abendmahl und den geistlichen Genuss seines Leibes durch den Glauben betont, dagegen die lutherische Consubstantialität und Ubiquität, sowie den Satz, dass auch die Ungläubigen den Leib des Herrn empfangen, entschieden abweist, versteht sich von selbst. Die Art, wie es geschieht, hat für den, welcher solchen Erörterungen in's Einzelne zu folgen die Mühe sich nicht verdriessen lässt, ein gewisses Interesse; namentlich ist zu bemerken, wie ernstlich Zwinger seine Uebereinstimmung mit der Lehre der ersten Basler Reformatoren, Oekolampad und Myconius, und mit der ersten Basler Confession zu erhärten sucht. Es lag ihm alles daran, diese Continuität nachzuweisen. Angehängt ist seiner Schrift noch ein historischer Bericht von Einführung des Brotbrechens in die Kirchen zu Basel.

Bis auf Theodor Zwinger hatte man sich nämlich auch in Basel, gleich wie in Zürich, des ungesäuerten Brotes (der Oblaten) bedient. In Calvin's Kirche war dagegen seit Farel der Gebrauch des gewöhnlichen Hausbrotes und das Brechen desselben üblich. Schon unter Grynäus kamen französische Emigranten nach Basel, die diesen Gebrauch ihrer Väter bei der Communion beibehielten, und Grynäus billigte es[4]. Zwinger ging nun einen Schritt weiter, indem er dieselbe Sitte auch in die deutschen Kirchen Basels einführte. Er war dazu von Seiten eines Laien durch eine anonyme Zuschrift aufgefordert worden. Die Sache kam vor eine Synode und vor die Regierung. Die förmliche Einführung geschah in der Stadt den 2. Oct. 1642 und auf der Landschaft um Weihnachten desselben Jahres. Wie

---

[1] Analysis Epistolæ ad Romanos. 1653. 4°. — Die Dissertationen finden sich in dem oben angeführten Syntagma.
[2] Theatrum Sapientiæ cœlestis s. analysis Institutionum Calvini. 1652. 4°.
[3] Erklärung und Rettung der reinen Lehre vom heil. Abendmahl unseres Herrn Jesu Christi. 1655. 4°.
[4] Auch von dem oben erwähnten *Wolfgang Meyer* wird berichtet, dass er im Jahr 1620, als er eine Zeitlang in Mülhausen das Predigtamt verwaltete, an die Stelle der Hostien das Brot gesetzt habe (crustulos illos nummularios asymos alliminans panem nutritium reposuit). Athen. raur. p. 87.

grossen Werth Zwinger auf diese liturgische Neuerung setzte, die ihm übrigens manchen Verdruss zuzog, geht unter andern aus einem Brief an Philipp Parcus in Heidelberg hervor [1].

Dogmatischen Neuerungen, die schon damals in der Schule zu Saumur aufzutauchen begannen, widersetzte er sich standhaft als Schirmer calvinischer Orthodoxie [2]. Wie früher bemerkt worden, hatten von den Tagen der Reformation an nur zwei ordentliche Professuren der Theologie bestanden, eine für das Alte und eine für das Neue Testament, wobei ein Vorrücken von der einen Stelle in die andere stattfand. Nur ausserordentlicher Weise war nach Polanus' Tode für das systematische Fach locorum communium et controversiarum gesorgt worden. Ein förmlicher Lehrstuhl der Dogmatik war noch immer nicht erstellt. Es kam eine äussere Veranlassung hinzu, das zu thun, was längst hätte geschehen sollen. Der Mann, für welchen der neue Lehrstuhl geschaffen wurde, war Johann Rudolf Buxtorf, der Jüngere.

Das Geschlecht der Buxtorfe gehört, wie das der Grynäen, der Zwinger, der Bauhine, der Wettsteine und Bernoulli, den gelehrten Baslergeschlechtern an, die einen europäischen Ruf erlangten. Wir haben noch nicht von dem ältern Buxtorf, dem Vater Johann Rudolfs, geredet. Er zählte nicht zur theologischen Facultät, deren Geschichte wir beschreiben, sondern als Professor der hebräischen Sprache fand er unter den Philosophen (Philologen) seine Stelle. Nun aber sei uns gestattet, um ein Glied zurückzugehen und über den berühmten Vater das Nöthige nachzuholen.

Johann Buxtorf I. (der Aeltere)[3], der Stammvater des berühmten Geschlechtes, war der Sohn eines Predigers Johann Buxtorf [4] in der Stadt Camen in Westphalen. Hier wurde er am Weihnachtstage 1564 geboren. Seinen ersten Unterricht erhielt er auf den Schulen in Hamm und Dortmund. Nach seines Vaters Tod bezog er die Universität Marburg und dann die hohe Schule zu Herborn. Dort war Piscator, der reformirte Uebersetzer der Bibel, sein Lehrer, und diesem verdankte er auch die erste Anregung in Betreff des Hebräischen. Von Herborn ging er nach Heidelberg, wurde aber 1588 durch den Ruf des Joh. Jakob Grynäus nach Basel gezogen. In Zürich lernte er Bullinger, in Genf Theodor Beza kennen. Nach Basel zurückgekehrt, unterrichtete er auf Empfehlung des Grynäus die Kinder von Leo Curio, dessen Tochter Margaretha später seine Gemahlin wurde. Im Jahr 1590 erhielt er die Professur der hebräischen Sprache. Eine ihm später (1610) angetragene theologische Professur schlug er aus; ebenso 1611 einen Ruf nach Saumur. Er starb den 13. Sept. 1629 an der Pest.

---

[1] Beilage II a.
[2] Beilage II b.
[3] Wir verweisen auf den Artikel von *Berthsau* in Herzog's Realencyklopädie Bd. II.
[4] Der Name Buxtorf (bald mit einem, bald mit zwei f geschrieben) lautete früher *Bostrop*, wie denn auch die Familie einen Bock im Wappen führt.

Die grossen Verdienste, welche sich Buxtorf um das Studium des Alten Testamentes und um die genauere Kenntniss des Rabbinischen erworben hat, sind allgemein anerkannt. Er scheute weder Mühe noch Kosten, um in den Besitz der hiezu nöthigen Hülfsmittel zu gelangen, wie er denn auch eine ausgebreitete Correspondenz mit gelehrten Juden in Deutschland, Polen und Italien führte. Das alles that Buxtorf nicht allein aus sprachwissenschaftlichem, sondern zugleich aus religiösem, aus protestantisch-theologischem Interesse. Ihm lag alles daran, den Beweis zu leisten, dass der hebräische Text der Bibel als Träger des Wortes Gottes uns rein erhalten worden sei, und also nicht, wie manche anzunehmen geneigt waren, einer Verbesserung aus den Uebersetzungen bedürfe. In seinem gelehrten Werke »Tiberias« bekämpfte er die Ansicht, wonach die »Masorah« erst im 6. Jahrhundert in Tiberias entstanden sein soll; er wies ihr ein höheres Alter an. Seine hebräische Ausgabe der Bibel, sein hebräisch-chaldäisches Lexicon, sein Leitfaden (Manuale) und seine Grammatik blieben auf lange Zeit hinaus treffliche Hulfsmittel für das Hebräische. Seine Synagoga-iudaica, die zuerst 1603 deutsch erschien und nachher in's Lateinische übersetzt wurde, lieferte einen schönen Beitrag zur jüdischen Archäologie, so dass nicht zu viel gesagt wird, wenn Buxtorf der Aeltere als der eigentliche Restaurator der alttestamentlichen Theologie und namentlich der rabbinischen Studien betrachtet wird.

Die gewissenhafte Gründlichkeit, mit der er in Erforschung jüdischer Religionsgebräuche verfuhr, zog ihm sogar einen merkwürdigen Prozess zu. In seinem Hause wohnte ein gelehrter Jude, dessen er sich als Corrector bediente, mit seiner Familie. Als die Frau des Juden eines Knäbleins genesen, sollte die Beschneidung vorgenommen werden. Sie ward auf eingeholte Bewilligung des obersten Rathsdieners, Gläser, unter dessen Gerichtsbarkeit die Juden standen, in Gegenwart dieses Beamten, sowie in Gegenwart Buxtorfs, seines Schwiegersohnes König und noch zweier Bürger in Buxtorf's Hause vollzogen. Allein diess erregte grossen Lärm. Der Rath leitete eine Untersuchung ein, Buxtorf und König wurden jeder um 100 Gulden gebüsst, Gläser und die beiden Bürger erhielten Gefängniss auf drei Tage.

In die Fusstapfen nun dieses gelehrten Vaters trat dessen Sohn:

Johann Buxtorf II. (der Jüngere), mit dem wir den Faden unserer Geschichte wieder aufnehmen. Geboren zu Basel den 13. August 1599, ward er schon von frühester Kindheit auf in die lateinische, griechische und hebräische Sprache eingeführt. Er studirte Theologie. Die Vorliebe des Vaters für alttestamentliche Studien ging auch auf den Sohn über. Schon als junger Mann hatte er sowohl den hierosolymitanischen, als den babylonischen Talmud durchgearbeitet. Im Jahr 1617 ging er nach Heidelberg, wo er bei Pareus, Scultetus und Alting Vorlesungen hörte. In Dordrecht, wohin er sich nun begab, fanden ihn die Basler Abgeordneten zur Zeit der Synode. In ihrer Gesellschaft machte er dann noch eine Reise durch die Niederlande und England und kehrte über Frankreich in die Vaterstadt zurück. Zu Vollendung seiner Studien wandte er sich, nachdem er bereits eine öffentliche Probe seiner Gelehrsamkeit abgelegt hatte durch Herausgabe seines chaldäisch-syrischen Lexikons (1622), nach Genf, wo Turretin, Diodati, Tronchin lehrten. Der Schüler dieser Männer ward aber auch hinwiederum ihr Lehrer. Turretin und Clericus liessen sich von ihm im Hebräischen unterrichten. In Basel fiel ihm, nachdem er vorübergehend die Stelle eines Gemeinhelfers (Diaconus communis) und dann eine Helferstelle bei St. Peter bekleidet hatte, die Professur des Hebräischen zu. Es war nach seines Vaters Tode 1630. Gemeinschaftlich mit seinem Freunde, dem gelehrten Friedrich Spanheim, der 1642 von Genf nach Leyden berufen wurde und sich auf der Durchreise in Basel den Doctorgrad ertheilen liess, empfing auch er diese höchste Würde [1]. Durch Spanheim's Vermittlung erhielt er ehrenvolle Rufe nach Gröningen und Leyden, die er beide ablehnte. Um ihn nun für immer an die Vaterstadt zu fesseln, wurde die schon erwähnte dritte Professur (professio locorum communium atque controversiarum) errichtet, und er mit derselben betraut (1647). Dogmatiker war nun gerade Buxtorf nicht, und so werden wir uns nicht wundern, wenn er bei nächster Gelegenheit, die sich freilich erst nach Verlauf von sieben Jahren zeigte, den dogmatischen Lehrstuhl mit dem des Alten Testamentes vertauschte, an den er durch seine ganze Bildung gewiesen war und dem er alle Ehre machte. Er starb den 17. August 1664 [2].

Auch Johann Buxtorf der Jüngere hat sich durch gelehrte Werke einen europäischen Ruf erworben. Ausser dem schon erwähnten chaldäisch-syrischen Lexikon gab er noch ein Lexicon chaldaicum, talmudicum et Rabbinicum heraus (1639); er verfasste eine Anleitung zum Studium des Hebräischen [3], übersetzte das Buch מורה הנבוכים (More hanevochim, Führer der Irrenden) des Rabbi Maimonides in's Lateinische (1629), gab den hebräischen Text des merkwürdigen Buches Kosri (ספר כוזרי), ein Gespräch über die Religionen, mit lateinischer Uebersetzung heraus (1660) [4], bearbeitete eine hebräische Concordanz und blieb auch als Dogmatiker nicht ganz zurück, indem er einige Dissertationen über wichtige Glaubenslehren schrieb [5].

Bei seinem sonst friedfertigen Charakter konnte indessen Buxtorf es nicht vermeiden, in eine gelehrte Streitigkeit eigener Art verwickelt zu werden, die, obgleich eine rein historische Frage betreffend, doch einen ernsten dogmatischen Hintergrund hatte und mit

---

[1] Es geschah zuweilen, dass aus der Schweiz nach dem Ausland berufene Theologen auf der Durchreise den Doctorgrad in Basel nahmen. So auch der berühmte Kirchenhistoriker *Heinrich Hottinger* von Zürich, als er nach Heidelberg ging (im Juli 1655).

[2] Von seinen Söhnen hat sich *Joh. Jak. Buxtorf* (aus vierter Ehe) gleichfalls als Hebräer ausgezeichnet. Er starb als Prof. dieser Sprache in Basel 1704. Ein anziehendes Lebensbild von ihm giebt uns *Samuel Werenfels* in seiner auf ihn gehaltenen Oratio funebris (am Ende der Opuskeln).

[3] Consilium universale de studio hebraico methodice, compendiose et utiliter instituendo et promovendo (als Anhang zur Grammatik seines Vaters. 1629—58).

[4] Vgl. über dasselbe den Artikel von *Pressel* in Herzog's Realencykl. Bd. VIII.

[5] Diss. de incarnatione filii Dei. De perseverantia sanctorum, 1644. Mehrere Schriften über das Abendmahl (auch in ritueller Hinsicht). Vgl. das Weitere Athen. raur. p. 47.

dem beginnenden Kampfe zwischen der streng biblischen Orthodoxie und der freiern Richtung im engsten Zusammenhange stand. Es betraf die Frage über das Alter der hebräischen Vokalzeichen. Bei den herrschenden Ansichten über die Inspiration der heil. Schrift erhielt dieselbe die Bedeutung einer theologischen Lebensfrage. Nun hatte schon, wie wir wissen, Buxtorf der Aeltere die Reinerhaltung des masoretischen Textes behauptet, und den Ansichten des Vaters trat auch der Sohn bei [1]. Dagegen trat Ludwig Capellus, Professor zu Saumur, mit der Behauptung auf, dass die sogenannte samaritanische Schrift älter sei als die hebräische Quadratschrift [2]. Diess war nur das Vorspiel zu einem weitern Kampfe. In einem schon früher von Thomas Erpenius, Professor in Leiden, herausgegebenen Buche: arcanum punctationis revelatum (Leiden 1624), hatte Capellus, gestützt auf die Autorität des jüdischen Gelehrten Elias Levita († 1549), das spätere Alter der hebräischen Vokalzeichen behauptet. Nun stellte Buxtorf 1618 in seinem tractatus de punctorum origine, antiquitate et autoritate die entgegengesetzte Ansicht auf, wonach die Punctation entweder von Mose und den übrigen Verfassern der biblischen Bücher selbst herrührt, oder doch wenigstens zu Esra's Zeit vorhanden gewesen ist, d. h. zu eben der Zeit, da nach gewöhnlicher Ansicht der Kanon des Alten Testamentes abgeschlossen wurde. Seine Absicht war ausgesprochenermassen eine apologetische; die Wahrheit und Authentie der heil. Schrift sollte dadurch eine wesentliche Stütze erhalten. Der Streit wurde von beiden Seiten mit einem grossen Aufwand von Scharfsinn und Gelehrsamkeit [3], aber auch mit jener Heftigkeit und Bitterkeit geführt, die sich in der Regel da einmischt, wo die Vertheidigung eines menschlich ausgesonnenen Systems als Vertheidigung der Ehre Gottes gefasst wird. Es kam so weit, dass Buxtorf's Ansicht von den ihm gleichgesinnten Theologen zu einem förmlichen Glaubensartikel gestempelt wurde. In die wider die Lehre von Saumur aufgestellte Consensformel wurde daher folgende Bestimmung aufgenommen: In specie autem Hebraicus V. T. Codex, quem ex traditione ecclesiæ iudaicæ, cui olim oracula Dei commissa sunt accepimus hodieque retinemus, tum quo ad consonas tum quo ad vocalia sive puncta ipsa, sive punctorum saltem potestatem [4], et tum quo ad res tum quo ad verba θεόπνευςος, ut fidei et vitæ nostræ, una cum codice N. T. sit Canon unicus et illibatus.

---

[1] In seiner Schrift: de litterarum hebraicarum genuina antiquitate. 1643. (44).
[2] Diatribe de veris et antiquis Ebræorum litteris. Amst. 1645. 12°.
[3] Gegen die Critica sacra des Capellus schrieb dann wieder Buxtorf seine Anticritica seu vindiciæ veritatis hebraicæ adversus Lud. Capelli criticam quam vocat sacram eiusque defensionem, quibus sacro sanctæ editionis bibliorum hebraicæ autoritas, integritas et sinceritas a variis eius strophis et sophismatis, quamplurima loca a temerariis censuris et variarum lectionum commentis vindicantur, simul etiam explicantur et illustrantur. Basil. 1653. 4. Vgl. das Weitere bei Bertheau a. a. O.
[4] Das Letztere musste vom Standpunkte der Inspirationstheorie allerdings zugegeben werden. So abenteuerlich die hier aufgestellte Ansicht mag gefunden werden, so wäre die Annahme, es seien den heil. Schriftstellern nur die Consonanten ohne irgend eine Vocalisirung mitgetheilt worden, noch viel abenteuerlicher. Die unselige Verwechslung aber von *Wort* und *Schrift* und das Uebertragen der lebendigen Begeisterung auf den Akt des Schreibens hat auch hier viele Verwirrung angerichtet.

ad cuius normam, cen Lydium lapidem, universæ quæ extant versiones, sive orientales, sive occidentales exigendæ, et sicubi deflectunt, revocandæ sunt.

Die Consensformel war 1675 hauptsächlich auf Anregung Joh. Heinrich Heidegger's [1] in Zürich erschienen. An ihr hatten Theil Alfred Turretin in Genf und der Nachfolger und Eidam Theodor Zwinger's, der Antistes Lucas Gernler.

Auch Gernler tritt, wie seine Vorgänger, in der Reihe der theologischen Professoren auf. Er war eine bedeutende Persönlichkeit. Geboren den 16. August 1625, der Sohn Johann Gernler's, Pfarrers zu St. Peter, besuchte er, nachdem er in Basel seine Studien gemacht, zu Vollendung derselben Paris und bereiste England, die Niederlande und einen Theil von Deutschland; überall machte er die Bekanntschaft bedeutender Männer und setzte diese in einem fleissigen Briefwechsel fort. Nachdem er von der untersten bis zur obersten Helferstelle der Stadt aufgestiegen (vom Diaconus communis bis zum Archidiaconus), wurde er 1656 in einem Alter von 31 Jahren Antistes und erhielt in demselben Jahre die theologische Doctorwürde. Er disputirte über die These: an et quatenus Electi de sua electione et salute hoc in seculo possint ac debeant esse persuasi? Vom Professor locorum communium et controversiarum rückte er zu dem über das Alte Testament vor. Erhebliches für die Wissenschaft hat er nicht geleistet [2], desto mehr für die Kirche und das gemeine Wesen seiner Zeit. Gernler war eine von jenen kräftigen hierarchischen Naturen, wie sie der Protestantismus des 17. Jahrhunderts hervorbrachte und grosszog. Seine Stellung als oberster Pfarrer benützte er, um das Ansehen der Geistlichkeit der weltlichen Obrigkeit gegenüber aufrecht zu erhalten. Er setzte eine strenge Sonntagsfeier durch, indem er ein Mandat erwirkte, wonach öffentliche Mahlzeiten und die Uebungen der Feuer- und Stachelschützen von den Sonntagen auf die Werktage verlegt wurden. Aber auch wohlthätige Stiftungen rief er in's Leben, wie die des Waisenhauses in der kleinen Stadt. Er vermehrte die Zahl der Wochenpredigten und führte eine erweiterte Agende ein, die zum Theil, wenn auch seit 1826 in etwas veränderter Gestalt, bis auf diesen Tag in kirchlichem Gebrauch geblieben ist [3]. Unter seinem Rectorat feierte die Universität den 15. April 1660 ihr zweites Jubelfest und er hielt die lateinische Gedächtnissrede [4]. Ein besonders für die

---

[1] Ueber Heidegger: A. Schweizer in Herzog's Realencykl. Bd. V. Ueber die Geschichte der Consensformel: J. J. Hottinger Succincta at solida ac genuina Formulæ Consensus historia. 1723. (Dagegen Pfaff: de formula Cons. helv. Tüb. 1723.) — Mémoires pour servir à l'histoire des troubles arrivés en Suisse à l'occasion du Consensus. Amst. 1726. L. Meister Scenen der neuern Schwärmerei und Intoleranz. Zürich 1785. Escher, Artikel: Helv. Consensus bei Ersch u. Gruber II. Al. Schweizer die theologisch-ethischen Zustände der zweiten Hälfte des 17. Jahrhunderts in der Zürcher'schen Kirche. Zürich 1857. — Dessen: prot. Centraldogmen II, S. 439 ff. 663 ff. Trechsel in Herzogs Realenc. V, S. 719 ff. Für Basel insbesondere: Ochs Gesch. von Basel VII, S. 124, 484. Meine Geschichte der Baslerconf. S. 168 ff.

[2] Von gelehrten Schriften werden angeführt: Diatribe de origine animæ rationalis. 1651. Disputationes XI. in confessionem helveticam 1661-74 und andere Dissertationen nebst einigen akademischen Reden.

[3] Vgl. m. Geschichte der Agenden, im Anhang zur Geschichte der Baslerconf.

[4] Oratio secularis de Academiæ Basiliensis Ortu et progressu. S. Beilage III.

Basel'sche Kirchengeschichte nicht genug zu schätzendes Verdienst hat sich endlich Gernler erworben durch eine neue Anlegung des Kirchenarchives, dessen Schätze unter Sulzer's Regiment verschwunden waren. Die Antiquitates Gernlerianæ bilden noch heute einen wesentlichen Bestandtheil desselben. Er starb den 9. Februar 1675.

Kehren wir zu seiner theologischen Stellung zurück, so haben wir an ihm einen der strengsten Verfechter der kirchlichen Orthodoxie. Er war es unter anderm, der den unermüdlichen Unionsbestrebungen des Schotten Duräus, dem schon Theodor Zwinger nicht getraut hatte, den Riegel schob. Und wie er in dem Triumvirate der Consensformel erscheint, so sehen wir ihn auch, noch ehe diese zu Stande kam, mit seinen beiden akademischen Collegen, Johann Buxtorf und Johann Rudolf Wettstein, bereits im Jahr 1662 eine Schrift herausgeben, welche den Theologie Studierenden bei den wöchentlichen Disputationen als Basis dienen und sie in eben den Grundsätzen befestigen sollte, zu denen die Consensformel sich bekannte. Es ist diess der Syllabus Controversiarum[1]. Das Buch ist katechismusartig in Fragen und Antworten abgefasst, und auf die Frage folgt dann, je nach ihrer Beschaffenheit, entweder eine affirmative oder eine negative Antwort mit Abwehr der entgegenstehenden Behauptungen. Da werden nicht nur die Juden, Griechen und Muhamedaner, die Montanisten, Manichäer und Libertiner, die Papisten (Pontificii), Kanonisten und Jesuiten, die Lutheraner, Arminianer, Socinianer, Anabaptisten, die Flacianer, Osiandristen und Antinomisten, die Enthusiasten, die Schwenkfelder und Weigelianer, die Puccianer, Huberianer und Kargianer, die Brownisten und Independenten, es werden auch Copernicus, Capellus und Vorstius, sammt den Astrologen und Planetaniern, den Prändamiten und Anthropomorphiten, den Stoikern, Peripatetikern und Epicuräern in den strengsten syllogistischen Formen zurückgewiesen und ihren Thesen die Antithesen entgegengestellt. Ein Studierender, der in diese theologische Gymnastik einmal sich eingeübt hatte, musste sich ohne Zweifel schuss- und stichfest glauben gegen alle Anläufe des Widersachers, sie mochten kommen von welcher Seite sie wollten. Wer sich mit den blossen Namen des Ketzerkataloges nicht begnügen mochte, der war genöthigt, sich tüchtig in der Geschichte der Dogmen und Häresien umzusehn, und das war unstreitig das Gute an der Sache. Der heutigen Theologie möchte es schwer fallen, in so runder und bestimmter Weise ihre Affirmativen und Negativen zu formuliren. Fehlte es nun auch der alten Theologie bei aller Logik an der den Gedanken von innen heraus bewegenden und die sich ergebenden Gegensätze vermittelnden Dialektik, so darf auch umgekehrt behauptet werden, dass unsrer modernen Dialektik, die sich so viel weiss mit ihrer Gewandtheit und Geschmeidigkeit, nicht selten die Zucht der alten Logik fehlt, und dass in unzähligen Fällen die schon fertig zugeschnittene Sprache, die sich zu jenen dialektischen Kunststücken

---

[1] Syllabus Controversiarum Religionis, quæ Ecclesiis orthodoxis cum quibuscunque adversariis intercedunt, in Schola theologica Academiæ Basileensis, pro materia consuetarum disputationum hebdomadariarum, quæ diebus quibusque Jovis horis antemeridianis a nona usque ad undecimam haberi solent.

hingiebt, den Mangel an Festigkeit, Bestimmtheit und Sicherheit des Gedankens verdecken muss. In dieser Hinsicht mag man sich beim Anblick jener allzeit fertigen Theologie ähnlich erquickt finden, wie etwa der Numismatiker sich am scharfen Gepräge einer Münze erfreut gegenüber der Verschliffenheit des cursirenden Geldes, ohne dass man freilich das einmal Antiquirte für den heutigen Verkehr zurück wünscht.

Wir haben als Mitherausgeber des Syllabus Johann Rudolf Wettstein genannt, den Collegen Buxtorfs und Gernler's in der Facultät. Es ist diess Johann Rudolf Wettstein I. der Aeltere, der Sohn des bekannten Bürgermeisters und Staatsmannes. Geboren den 5. Januar 1614, erhielt er von Jugend auf eine gelehrte Bildung. Er war schon Professor der griechischen Sprache geworden (1637), als er eine gelehrte Reise nach Frankreich, England, Belgien und Deutschland unternahm. Den 11. Dec. 1649 ward er durch Theodor Zwinger zum Doctor der Theologie promovirt. Seine Inauguralrede betraf den Ursprung der Irrthümer und der Streitigkeiten in Religionssachen, ein gewiss zeitgemässes Thema! Im Jahr 1654 erhielt Wettstein den Lehrstuhl der Dogmatik und 1656 den des Neuen Testamentes. Auffallend ist es, dass Wettstein, der sich zur Mitherausgabe des Syllabus herbeigelassen, späterhin sich der Unterschrift der Consensformel widersetzte und auch Andere vom Beitritt zu derselben abzuhalten suchte. Er war in der Gnadenlehre Universalist und konnte daher nicht in die Verdammung der Lehrer von Saumur einstimmen. Trotz seines nicht gerne gesehenen Widerstandes blieb der wegen seiner Gelehrsamkeit und Frömmigkeit allgemein geachtete Mann unangefochten[1]. Er starb den 11. Dec. 1684. Die Hauptstärke seines theologischen Wissens lag in der Patristik. Seine schriftstellerische Thätigkeit beschränkte sich auf Herausgabe einiger Schriften des Origenes[2] und auf eine Anzahl von Dissertationen. Unter anderm hat er die Legende von den 11,000 Jungfrauen bestritten[3].

In der Polemik gegen die römische Kirche, die auch in der zweiten Hälfte des 17. Jahrhunderts nicht ruhte, that sich unter den Basler Theologen besonders hervor der Professor Johann Zwinger, der einzige Sohn des Antistes Theodor[4]. Er ist geboren den 26. Aug. 1634. Seine Mutter war eine Tochter Joh. Buxtorf's, des Jüngern. Er machte unter Leitung seines Vaters seine Studien in Basel und begab sich nach Genf, wo er die Stelle eines deutschen Predigers versah. Später besuchte er Heidelberg, Utrecht, Amsterdam, Leyden, Gröningen, Bremen und Marburg. Nach Basel zurückgekehrt, ward er 1656 Professor des Griechischen und machte sich um das Gymnasium und um die Bibliothek

---
[1] Vgl. Tholuck a. a. O. S. 333.
[2] Ὠριγένους περὶ εὐχῆς σύνταγμα. Origenis de oratione libellus; accedit Marci Diadochi Sermo contra Arianos antehac ἀνέκδοτος, nunc primum e codice MS. Basiliansi Graeco erutus, versione et notis illustratus a Joh. Rod. Wetstenio Patre. Basil. et Amst. 1694. 4°. (Vgl. unten J. R. Wettst. den Jüngern.)
[3] Refutatio fabulae XI. M. VV. — Zu erwähnen ist auch noch seine oratio in obitum Theod. Zwingeri 1655.
[4] Darum Pontificiorum flagellum sennen ihn die Athen. raur. p. 50.

verdient. In letzterer stellte er mit eigener Hand die Bücher, von denen er einen Katalog verfertigte, auf die Repositorien. Im Februar 1665 ward er Doctor der Theologie und erhielt nach einander in einem Zwischenraum von zehn zu zehn Jahren die Professuren der Dogmatik, des Alten (1675) und des Neuen Testamentes (1685). Er starb den 26. Febr. 1696, mitten in einer theologischen Vorlesung vom Schlage gerührt.

Auch Zwinger widersetzte sich im Geiste des Syllabus den Neuerungen der Zeit, namentlich den »Fanaticis Copernicanis«, zu welchen auch der Basler Mathematiker Peter Megerlin gezählt wurde. Der Streit dauerte 1675—81 [1]. Zwinger stand in lebhaftem Briefwechsel mit Samuel Maresius (des Marets), dem Schüler des Gomarus, und vertheidigte sonach die Dordrechterlehre gegen Arminianer und Amyraldisten [2]. Seine Polemik gegen die römische Kirche tritt in seiner Schrift gegen das Fronleichnamsfest hervor [3], die sich auch in geschichtliche Untersuchungen einlässt. Die angehängten Digressionen verbreiten sich noch über weitere Controversmaterien. Unter anderm vertheidigt der Verfasser die Geschichte der Päpstin Johanna gegen die wider sie auch von protestantischen Kritikern erhobenen historischen Zweifel.

Als die letzten Repräsentanten des 17. Jahrhunderts nennen wir Peter Werenfels, Johann Rudolf Wettstein den Jüngern und Johann Rudolf Zwinger.

Peter Werenfels wurde den 20. Mai 1627 zu Liestal geboren, wo sein Vater Pfarrer war. Nachdem er schon im Jahr 1648 in Basel seine Studien vollendet und die Ordination erlangt hatte, versah er eine Zeitlang (1650—53) die Stelle eines Hofpredigers bei Graf Friedrich Casimir zu Ortenburg (unweit Passau), und später trat er in Dienste der evangelischen Gemeinde zu Wolfsheim in der Herrschaft Hanau-Lichtenberg. In die Vaterstadt zurückgekehrt, bekleidete er verschiedene Pfarrämter, bis er 1675 die oberste Pfarrstelle erhielt. Als Professor der Theologie rückte er, wie sein Vorgänger, von einem Lehrstuhl zum andern vor. Den Doctorgrad erlangte er den 5. October 1675. Zeitgemäss schien das bei diesem Anlasse von ihm behandelte Thema: über die verschiedenen Kunstgriffe, deren die römische Kirche sich bedient, die Akatholischen zu ihrem Glauben hinüber zu ziehen [4]. Nachdem er im Jahr 1691 die politische Umwälzung Basels nicht nur mit erlebt, sondern anfänglich in ihr auch eine Rolle gespielt hatte [5], starb er den 23. Mai 1703. Werenfels war nicht gerade als Gelehrter, wohl aber als Prediger ausgezeichnet. Für

---

[1] Vgl. Megerlin's Schrift: Systema mundi copernicanum, argumentis invictis demonstratum et conciliatum Theologiae. Amst. 1682.
[2] S. Beilage IV.
[3] Tractatus historico-theologicus de festo corporis Christi, tribus partibus absolutus. Bas. 1685. 4º. — Ausserdem hat er noch einige grössere Reihen von Dissertationen geschrieben: Disputationes 30 de peccato. 1668. — De Salomone peccante 28. 1687—96. — Dann einzelne Reden, wie die Oratio de barbarie superiorum seculorum 1661 u. s. w.
[4] De variis modis et methodis doctorum pontificiorum, ut aiunt, convertendi Acatholicos, seu verius, variis technis et μεθοδείαις pervertendi et ad Romanam communionem retrahendi vere Catholicos.
[5] Ochs VIII, S. 192 ff. (besonders S. 197, 200, 205, 211).

die Geschichte der Homiletik mag nicht unerwähnt bleiben, dass wir von ihm eine Sammlung von Predigten über die Sonn- und Festtagsevangelien besitzen [1], welche uns zeigt, dass die Sitte, über Perikopen zu predigen, in der reformirten Kirche nicht so ganz ausser Gebrauch war, wie man bisweilen annimmt [2]. Auch seine Pest- und Leichenpredigten (1669) sind für die Zeit charasteristisch. Es ist in ihnen, wie in andern Predigten jener Zeit, wohl viel gelehrter Ballast, aber die Gedanken überraschen oft durch ihre Klarheit und praktische Eindringlichkeit. Sie treffen meist zum Ziel und halten sich von all dem Nebulosen ferne, in das die geistlichen Redner unsrer Zeit so leicht verfallen.

Unter seinen theologischen Dissertationen findet sich eine über die Waldenser, die wenigstens in litterarisch-historischer Beziehung der Beachtung werth sein dürfte.

Johann Rudolf Wettstein II., der Jüngere, der Sohn des oben Genannten, geboren zu Basel den 1. September 1647, zeichnete sich besonders als Philologe aus; er versah auch zuerst den Lehrstuhl des Griechischen. Der theologischen Facultät gehörte er vom Jahr 1685 bis zu seinem Tode 1711 an. Auch ihn sehen wir die verschiedenen Stufen der theologischen Professorate durchwandern. Er hat sich, wie sein Vater, um die Patristik verdient gemacht, indem er die Schrift des Origenes contra Marcionitas und die vom Vater aus einer Basler Handschrift hergestellte Schrift: Exhortatio ad Martyrium, im Druck herausgab [3]. Auch hat er für Johann Fell den Nomocanon des Photius nach einer Basler Handschrift verglichen.

Johann Rudolf Zwinger, der Enkel Theodors und der Sohn Johann Zwinger's, ward geboren den 12. September 1660. Er machte seine Studien in Basel, Zürich und Genf. Der Fürst von Anhalt, Karl Friedrich, der ihn in Genf predigen hörte, machte ihm einen Antrag, in seine Dienste zu treten; doch rieth der Vater davon ab. Eine Zeitlang versah Zwinger die Stelle eines Feldpredigers bei den Schweizerregimentern in Frankreich und den Niederlanden, und nachdem er sowohl in Basel (St. Alban und St. Elisabeth) als in Liestal pastorirt hatte, wurde er den 25. September 1703 zum Pfarrer am Münster und Antistes erwählt. Er starb den 18. Nov. 1708. Als Professor locorum communium ac controversiarum hat er einige Dissertationen [1] und ein deutsches Buch: »der Trost Israels« (1706),

---

[1] Auslegung der Sonntagsevangelien durch das ganze Jahr. II. Basel 1702.
[2] In der Vorrede heisst es: „Wann Einer oder der Andere den Gebrauch der sonntäglichen Evangelien für einen päpstischen Sauerteig halten wollte, so muss er wissen, dass wann man der Keins, so man im Papstthum gehabt und gebraucht, behalten dörffte, so müssten wir auch das Unser Vater, die sieben Gebot, die Glaubensartikel fahren lassen und für einen päpstischen Sauerteig halten, und das würde heissen das Kind mit dem Bad ausschütten."
[3] Ὠριγένης διάλογος κατὰ Μαρκιωνιστῶν ἢ περὶ τῆς εἰς Θεὸν ὀρθῆς πίστεως. Προτρεπτικὸς εἰς μαρτύριον. Ἀντιγραφὴ πρὸς τὴν Ἀφρικανὰ περὶ τῆς κατὰ Σωσάνναν ἱστορίας ἐπιςολήν. Origenis contra Marcionitas etc. Opera et studio M. Joh. Rod. Wetstenii. Bas. 1673. 4°. Mehrere philologische Dissertationen s. Athen. raur. p. 56.
[4] De causa reprobationis impulsiva 1680. — De potestate clavium II. — De morientium apparitione. — De satisfactionis Christi veritate (in den Jahren 1704–1706).

die zu hoffende Bekehrung der Juden betreffend, geschrieben, als Pfarrer eine Anzahl Predigten und Leichenreden.

IV.

Die Zeit der gemilderten Orthodoxie.

Mit dem zeitweiligen Siege der Consensformel hatte die scholastische Theologie des 17. Jahrhunderts in der schweizerisch-reformirten Kirche ihren Höhepunkt erreicht. Dagegen fängt mit deren Beseitigung (1722) auch sofort eine von der bisherigen verschiedene Zeitrichtung an sich kenntlich zu machen; ja, diese hatte selbst die Abschaffung der Formel herbeigeführt. Wir dürfen diese Richtung nicht die rationalistische, dürfen sie überhaupt nicht eine neologische, heterodoxe nennen. Die Männer wenigstens, die wir hier im Auge haben, blieben der kirchlichen Rechtgläubigkeit in ihren Hauptzügen zugethan, und wo sie etwa davon abwichen, waren sie sich dessen kaum bewusst; namentlich fiel ihnen nicht ein, auf einen andern Grund sich zu stellen, als auf den, auf welchen die evangelisch-reformatorische Kirche von Anfang an gebaut war, auf den Grund des in den heiligen Schriften Alten und Neuen Testamentes geoffenbarten Wortes Gottes. Aber darin unterschieden sie sich wesentlich von den Orthodoxen der ältern Richtung, dass sie mit grösserer Bestimmtheit zu unterscheiden anfingen zwischen dem, was in der That als Schriftlehre sich herausstellte und dem, was die Schule Begriffliches und Formulirtes hinzugethan. Ihr Bestreben ging dahin, die einfache Lehre des Heils aus diesen Schulformen zu lösen und sie dadurch dem fortgeschrittenen Zeitalter zugänglich und geniessbar zu machen. Dieser Loslösungsprocess der Schriftlehre von der Kirchenlehre wirkte freilich insofern auch wieder auf die Fassung der erstern zurück, als ja auch die Inspiration der heil. Schrift nicht mehr konnte in der starren und steifen Weise festgehalten werden, wie es noch in dem Syllabus Controversiarum geschehen war. Diese mildere Richtung stand nicht vereinzelt da. Sie war aller Orten in der evangelischen Kirche verbreitet, in den Niederlanden durch den Arminianismus, in Deutschland durch Calixt und die Helmstädter Schule (Spener's und der Pietisten nicht zu gedenken), in Frankreich durch die Schule von Saumur, in England durch den Latitudinarismus. Wie gegen den Frühling hin von allen Seiten das Eis bricht, hier auf einmal, dort allmählig, so fing auch die Eisrinde der Orthodoxie zu Ende des 17. und Anfang des 18. Jahrhunderts an, sich zu erweichen, ohne dass immer mit Bestimmtheit gesagt werden könnte, wie weit die einzelnen Spalten und Risse gingen, nachdem der Bruch einmal unmerklich begonnen hatte.

Unter den schweizerischen Theologen werden uns drei Männer genannt, welche diese mildere, weitherzigere Richtung repräsentirten. Alfons Turretin in Genf, Johann Friedrich Osterwald in Neuenburg und Samuel Werenfels in Basel. Man hat sie als das schweizerische Triumvirat bezeichnet. Für unsern Zweck wenden wir uns ausschliesslich dem Letztgenannten zu.

Samuel Werenfels[1], der Sohn des oben genannten Antistes Peter Werenfels, wurde geboren den 1. März 1657. Nach Vollendung seiner philosophischen und theologischen Studien, denen er in Basel obgelegen, besuchte er die schweizerischen Akademien Zürich, Bern, Lausanne, Genf, und machte dann später (nachdem er bereits in der Vaterstadt als Professor des Griechischen aufgetreten war) eine grössere wissenschaftliche Reise nach Holland und dem nördlichen Deutschland. Bald nach seiner Rückkehr wurde ihm der Lehrstuhl der Beredsamkeit übertragen. Werenfels, der viele natürliche Anlage zum Redner besass, suchte auch seine Zuhörer und namentlich die künftigen Prediger nicht nur theoretisch, sondern auch praktisch heranzubilden. In dieser Aufmerksamkeit auf Styl und Vortrag, die bisher häufig vernachlässigt waren, haben wir bereits ein Zeichen der neuern Zeit zu betrachten, deren Einfluss auch die Theologie sich nicht entziehen konnte. Es ist dieselbe Zeit, da nach dem Vorgange der grossen Redner in der französisch-katholischen Kirche (Massillon, Fléchier, Bourdaloue, Bossuet) nun auch die Reformirten anfingen, die geistliche Rede zum Kunstwerke zu gestalten, Tillotson in der englischen, etwas später Saurin (im Haag) in der französisch-reformirten Kirche. Im Zusammenhange mit dieser grössern Aufmerksamkeit auf die lange vernachlässigte Form, auf das Aesthetische der Rede, verschmähte es auch Werenfels nicht, seinen Schülern dramatische Spiele zur Uebung in der Declamation zu empfehlen. Die veränderte Ansicht über das Schauspiel und dessen Einfluss auf die Sitte, selbst im Kreise der Theologen, deutet ja ebenfalls auf den Anbruch der modernen Zeit hin[2]. Wir würden aber sehr irren, wollten wir annehmen, Werenfels hätte die künftigen Prediger des Evangeliums zu Histrionen und Declamatoren erziehen wollen[3]. Im Gegentheil war er es, der gegen allen falschen Prunk der Rede, gegen alles Gemachte, Geschraubte und Gezierte auftrat und eine edle Einfalt des Styles wie des Vortrags auch auf der Kanzel empfahl. Wie der Unnatur im Reden, so setzte er sich auch der falschen Dressur des Geistes entgegen, wie sie bei den damaligen Disputationen nicht

---

[1] R. Hanhart, Erinnerungen an Sam. Werenfels, in der wissenschaftlichen Zeitschrift herausgeg. von Lehrern der Basler Hochschule. 2. Jahrg. 1824, S. 22 ff. Athen. raur. p. 57 ss.

[2] Vgl. seine Oratio de comoedia (in den Opusculis), in welcher er die alten dramatischen Spiele für die Jugend zurückforderte.

[3] Wir erinnern an sein treffendes Epigramm:
Quid pastor absque sanctitate est? Histrio:
Bonus histrio si sanctus esse creditur,
Malus histrio si qualis est cognoscitur.
Bono sed histrione nil est rarius.

selten stattfand. Dass ein leeres Wortgezänke nur allzu häufig an die Stelle gründlicher Untersuchung trat, war für ihn, den ernsten Freund der Wahrheit, eine traurige Beobachtung. Und so verfasste er denn seine berühmt gewordene Abhandlung de logomachiis eruditorum [1]. Es mochte allerdings zu weit gegriffen sein, wenn Werenfels alle jene theologischen Streitigkeiten, deren die Zeit müde geworden war, als blosses Wortgezänke bezeichnete. Wort und Gedanke hängen ja immer aufs Engste zusammen, und so lag auch der Gegensatz der sich bekämpfenden Systeme tiefer als auf der Oberfläche des herrschenden Sprachgebrauchs. Auch mag man billig fragen, ob der von ihm ernstlich und wohlgemeinte Vorschlag, ein Universalwörterbuch zu veranstalten, in welchem eine genaue Definition aller Begriffe gegeben wäre und an welches sich im vorkommenden Falle die Disputirenden zu halten hätten, dem Uebel der Disputirsucht gründlich würde geholfen haben. Es liegt demselben noch die aus der scholastischen Zeit vererbte Täuschung zum Grunde, als ob man bei der Erörterung idealer Wahrheiten mit logischen Kategorien fertig werden könnte. Immerhin war die Opposition gegen den Missbrauch eine zeitgemässe, und wir werden den edeln Zorn unsers Werenfels begreifen, wenn er klagt, es gebe noch christliche Gemeinden, in welchen der nicht mit heiler Haut davon käme, der es wagte »Unser Vater« statt »Vater unser« zu beten.

Im Jahr 1696 trat Werenfels förmlich in die Reihe der theologischen Lehrer ein, indem er den 15. December zum Professor locorum communium et controversiarum (Dogmatik und Polemik) ernannt wurde. Den 9. Juni ward er vor einer glänzenden Versammlung, der auch der Markgraf von Baden-Durlach, Friedrich, mit seiner Gattin und dem Erbprinzen beiwohnte, durch J. R. Wettstein zum Doctor der Theologie promovirt. In seiner Inauguralrede behandelte er das Thema: In welchem Sinne lehren die Katholiken, dass man den Ketzern nicht brauche Glauben zu halten?[2] Werenfels war seiner Professur nach an die Controversen gewiesen; allein nach seinem gesunden Verstande fasste er die Aufgabe dahin, dass es sich weniger darum handle, antiquirte Ketzereien zu widerlegen, als vielmehr die falschen und krankhaften Richtungen, die in der Gegenwart auftauchten, zu bekämpfen oder orthodoxe Uebertreibungen auf ihr richtiges Maass zurückzuführen. Er zeigte, wie so oft in den vorgeschützten Eifer um Gottes Ehre ein falscher, nur gar zu menschlicher Eifer sich mische, und wie über dem Streit über Nebendinge die Hauptsache des Christenthums nicht selten übersehen werde, auf die allein es doch zuletzt ankomme. Der grösste Theil seiner theologischen Abhandlungen, die in seinen Opuskeln gesammelt sind, und auch mehrere seiner Epigramme bewegen sich um dasselbe Thema. Wir fühlen uns beim Lesen derselben von jenem Hauche des Friedens berührt, der an den Geist eines Melanchthon erinnert [3].

---
[1] Abgedruckt in den Opuskeln.
[2] Qua ratione Pontificii doceant, haereticis fidem non esse servandam? Sie findet sich nicht in den Opuskeln.
[3] Opuscula theologica, philosophica, philologica. Lausann. 1789. II. 4°. Lugd. Bat. 1772. II. 4°. ed. nova, aucta et

Wir haben Friedrich Osterwald und Alphons Turretin unter den Männern genannt, die neben Werenfels als Mitvertreter der von ihm verfolgten Richtung erscheinen. Sie aufzusuchen und persönliche Bekanntschaft mit ihnen zu schliessen, war der Zweck einer Reise nach Neuenburg und Genf. Auf einem Besuch in Paris näherte er sich dem gelehrten Benedictiner Montfaucon, denn auch die Scheidewand, welche Protestanten von Katholiken trennte, fing an zu wanken. Von seiner Reise zurückgekehrt, wurde Werenfels den 8. Oct. 1703 nach dem uns bekannten System auf den Lehrstuhl des Alten Testamentes befördert. Er benützte diese Stelle, um eine Disciplin, die bisher an der Universität nicht gelehrt worden war, den Studierenden näher zu bringen, die Hermeneutik. Wir sehen darin nichts Zufälliges. Hatte doch selbst in der reformirten Kirche die Dogmatik nach und nach die Exegese verschlungen! Eine unbefangene, lediglich auf die Gesetze der Sprache gegründete, eine sogenannte rein grammatisch-historische Auslegung der Schrift gehörte zu den Seltenheiten. Werenfels hat wesentlich zu Herbeiführung einer solchen beigetragen; er kann insofern als ein Vorgänger Ernesti's betrachtet werden. Sein oft angeführtes Epigramm über die Bibel:

Hic liber est, in quo quisque sua dogmata quærit,
Invenit et iterum dogmata quisque sua [1].

ist oft dahin missverstanden worden, als hätte er die normative Dignität der Schrift bestreiten wollen. Schon die Ueberschrift: Sacræ Scripturæ abusus, muss ihn gegen diese Missdeutung schützen. Damit aber nicht jeder willkürlich die Schrift nach seiner Subjectivität auslege, um dann seine eignen Dogmen in ihr zu finden, drang er auf eine vorurtheilsfreie Auslegung derselben. Man darf nur seine Antrittsrede als Professor des Alten Testamentes lesen [2], um einzusehen, dass er als ein ächter Gottesgelehrter überall von der innigsten Ehrfurcht gegen die heil. Schrift durchdrungen war und auch keineswegs an der Möglichkeit verzweifelte, die richtige Auslegung derselben zu finden. Was er von sich aus thun konnte, das that er. Als alttestamentlicher Exeget steht Werenfels freilich nicht auf dem Boden primärer Gelehrsamkeit, wie die beiden Buxtorfe und Andere vor ihm; er begnügte sich daher auch, die Psalmen, über die er las, mehr vom praktischen Gesichtspunkt aus zu behandeln, der in seinem ganzen Wesen und Wirken der vorherrschende war.

Einen ehrenvollen, durch Vitringa vermittelten Ruf an die Universität in Franeker schlug er aus. Hingegen konnte er die Ehre nicht abweisen, die ihm die englische Gesellschaft zu Verbreitung des Evangeliums in fremden Ländern erwies, als sie ihn zu ihrem Mitglied ernannte. Dasselbe that auch die Berliner Societät der Wissenschaften.

---

emendata. Bas. 1782. III. 8°. Der theologische Theil war zuerst erschienen als Sylloge dissertationum theologicarum. Basil. 1716. II.

[1] Diess ist das Buch darin ein jeglicher sucht seine Meinung,
Und seine Meinung sofort findet ein jeglicher drin.

[2] De scopo, quem scripturæ Interpres sibi proponere debet. (In den Opuskeln).

Eine Zeitlang (1711) versah der auch in den neueren Sprachen bewanderte Mann die Predigerstelle an der französischen Kirche in Basel. Er fühlte wohl das Schwierige dieser Aufgabe und sprach sich in überaus bescheidener und unbefangener Weise darüber zu seinem Auditorium aus [1]. Gleichwohl erhielten diese Predigten, die an Tillotson und Saurin erinnern, vielen Beifall; sie wurden gedruckt und in's Deutsche und Holländische übersetzt [2].

In demselben Jahre 1711 rückte Werenfels zum Professor des Neuen Testamentes vor, in welcher Stelle er bis zu seinem Tod (1. Juni 1740) verblieb.

Wie Werenfels in der Wissenschaft dem unfruchtbaren Dogmatismus und den unerbaulichen Controversen eine möglichst reine Schrifttheologie entgegenstellte, so bekämpfte er auch im Praktischen das todte Kirchenthum und die nur zu oft mit demselben verbundene sittliche Rohheit und Versunkenheit. In seinem innersten Wesen religiös gestimmt, konnte er nicht in die plumpen Verwerfungsurtheile des Pietismus einstimmen, die sich gerade die Orthodoxen häufig zu Schulden kommen liessen [3]. Auch Männer, wie den Grafen von Zinzendorf, wusste er nach Verdienst zu würdigen. Er erklärte es noch kurz vor seinem Ende für unrecht, dass man dem Bischof der Brüdergemeinde bei dessen Anwesenheit in Basel nicht eine Predigt im Münster angetragen habe [4]. Seinerseits hat Zinzendorf unsern Werenfels nach dessen Hinschied in einem merkwürdigen Gedichte gefeiert [5].

Auch den grossen getrennten Kirchenparteien gegenüber war Werenfels' Stellung eine irenische. An der katholischen Kirche bekämpfte er nur die Intoleranz und die Anmassung, die allein selig machende Kirche sein zu wollen, während er mit Personen, die dieser Kirche angehörten, in freundschaftlichem Verkehr stand. Vor allem aber lag ihm, wie so vielen edeln Männern seiner Zeit, die Union der beiden protestantischen Kirchen am Herzen. Darüber hat er sich in einigen seiner Schriften ausgesprochen [6]. Nicht eine voreilige Vereinigung, wohl aber eine auf gegenseitiger Anerkennung beruhende friedliche Gesinnung war es, die er als zum Ziel führend betrachtete. Ein aufgedrungener Consensus,

---

[1] Siehe die zweite Predigt der Sammlung.
[2] Sermons sur des vérités importantes de la religion. Amst. 1716.
[3] Vgl. die Epigramme In osorem Pietistarum:
        Deprime quantumvis Pietistas; dum modo ne quis
        Quam primum plus est, sit Pietista tibi.

        Res odiosa tibi est Pietismus: at excute mentem:
        Forte etiam pietas res odiosa tibi est.

        Cui sunt invisi, speciem virtutis habentes,
        Is nec virtutis ferre potest speciem.

[4] *Spangenberg*, Leben Zinzendorf's V, S. 1328.
[5] S. Beilage V.
[6] Namentlich in der Abhandlung „Über die Vereinigung der Protestanten", die seinen Predigten angehängt ist; sie wurde von Osterwald in's Französische übersetzt, und findet sich auch in lateinischer Uebersetzung in den Opuskeln. Der Verfasser nimmt dabei Rücksicht auf die Schrift seines Freundes Turretin: de dissidiis Protestantium componendis.

eine erzwungene Uniformität in der Doctrin, meinte er, wäre gewiss ein noch ärgeres Joch als das Papstthum. Man soll die Verschiedenheit der Bekenntnisse, die eine Folge unsrer menschlichen Unvollkommenheit sind, tragen wie andere Unvollkommenheiten auch, soll aber darum es nicht fehlen lassen an gegenseitiger Anerkennung und Liebe. Diess aber wird sich am schönsten und kräftigsten aussprechen in der Abendmahlsgemeinschaft, wobei die Theilnehmenden trotz aller Verschiedenheit der Meinungen sich als Glieder eines Leibes bekennen. Diese Gemeinschaft zu vollziehn, erklärte Werenfels für heilige Christenpflicht. Man soll nicht länger zuwarten und mit dem blossen Gedanken sich begnügen, dass solches schön und nützlich sei, sondern ernstlich zu einer Vereinigung Hand bieten. Rücksichtlich der noch bestehenden Differenzen warnte er vor Consequenzmacherei und rieth, sich an das zu halten, was sich innerlich bewähre an den Herzen der Gläubigen. Er war überzeugt, dass die Wurzel des Uebels überhaupt nicht im Verstande liege, sondern im Herzen, im Mangel an rechter Liebe und Demuth. Ehe wir Andern den Himmel zuschliessen wollen, sollen wir erst selbst suchen unseres Heiles gewiss zu werden. Diess sind die einfachen unionistischen Gedanken unsers Werenfels, in denen er seiner Zeit um ein Jahrhundert vorausgeeilt ist, während jetzt uns freilich Manche wieder um ein Jahrhundert vor Werenfels zurückführen möchten.

Die Verbindung des Wissenschaftlichen mit dem Praktischen trat vielleicht bei keinem der bisher von uns betrachteten Theologen so klar hervor, als bei Werenfels. Ueberall suchte er, ohne darum der Gründlichkeit des Wissens Eintrag zu thun, die Theologie Studierenden auf ihren künftigen Beruf hinzuweisen und ihnen vor allen Dingen das zu bieten, dessen sie in ihrem künftigen Amte bedurften. Er bezeichnete es geradezu als einen Mangel, dass nicht auch noch neben den Lehrstühlen der Dogmatik, Polemik und Exegese ein Lehrstuhl der praktischen Theologie errichtet sei. In Ermanglung eines solchen that er sein Möglichstes von sich aus, die Lücke auszufüllen, und gab auch in vertraulichern Kreisen, die er in seinem Studierzimmer um sich sammelte, den Jünglingen die nöthige Anleitung.

Nichts musste einem so hell denkenden und friedlich gestimmten Theologen wie Werenfels verdrisslicher sein, als jener ärgerliche Wettsteinische Handel, in den er noch gegen Ende seines Lebens hineingezogen wurde. Es kam ihm diese ganze Procedur gewiss um so ungelegener, als er wenige Jahre zuvor in einer kleinen anonymen Schrift, mit dem Blick auf die Formula Consensus, den kirchlichen Behörden entschieden das Recht abgesprochen hat, solche, die in unwesentlichen Dingen von der Orthodoxie abweichen, vom Ministerium auszuschliessen [1]. Wenn sich nun Werenfels gleichwohl in Verurtheilung Wett-

---

[1] Bericht auf die Frage, ob wir Menschen Fug und Macht haben, diejenigen, so sich unserm Bedunken nach irren in Sachen, so das Fundament des Glaubens nicht antreffen, allein um dergleichen irrigen Meinungen willen aus dem h. Ministerio auszuschliessen. Anno MDCCXX. (22 Seiten in Octav). Wir können zwar die Werenfels'sche Autorschaft dieses Schriftchens nicht absolut verbürgen; damals wurde auf verschiedene Verfasser (auch aus pie-

stein's an das Urtheil seiner Collegen anschloss, so geschah es eben darum, weil ihm der kühne Kritiker nicht nur in Nebendingen sich von der Orthodoxie zu entfernen, sondern auch das anzutasten schien, was er zu dem »Fundament des Glaubens« rechnete. Und da folgte er seinem Gewissen. Immerhin aber hatte die leidenschaftliche Art, mit der der Process geführt wurde, ihn tief verletzt, so dass er sich am Ende von den Besuchen des theologischen Conventes zurückzog und auch seine Missbilligung des gegen Wettstein beobachteten Verfahrens nicht zurückhielt, was ihm denn freilich von den strengen Eiferern als Wankelmuth und als Rücktritt von der guten Sache gedeutet wurde[1]. Und so beschäftigte ihn gegen Ende seines Lebens ernsthaft der Gedanke, sich ganz von der akademischen und gelehrten Thätigkeit zurückzuziehn und in geistlicher Zurückgezogenheit ausschliesslich der Pflege seines Seelenheiles zu leben. Er gab desshalb ein Entlassungsgesuch an die Regenz (den akademischen Senat) ein, und als dieses nicht bewilligt wurde, blieb er nur unter der Bedingung an seiner Stelle, wenigstens auf eine Zeitlang sich zurückziehn und den ihm ausgesetzten Gehalt für fromme Zwecke verwenden zu dürfen. Auch seinem Freunde Osterwald theilte er hierüber seine Gedanken in einem Briefe mit, den wir als ein schönes Zeugniss seiner Bescheidenheit und nach innen gerichteten Frömmigkeit in der Beilage mittheilen[2].

Wir kommen nun auf die Gruppe von Theologen, welche gleichzeitig mit Werenfels, doch um ein Gutes jünger als er, den Kampf gegen Wettstein ausführten und die zugleich als Lehrer an der Facultät mitwirkten. Es sind diess der Antistes Dr. der Theol. Hieronymus Burckhardt und die beiden Professoren J. Ch. Iselin und Ludwig Frey.

Hieronymus Burckhardt, der Sohn des Bürgermeisters Joh. Balthasar Burckhardt, wurde geboren den 30. Mai 1680. Er ging denselben Bildungsgang, den wir die meisten der Basel'schen Theologen haben nehmen sehen; er studirte bis zu seiner Ordination in Basel mit der einzigen Ausnahme, dass er zu Erlernung des Französischen sich als Student einige Zeit lang nach Neuchatel begab, machte dann nach der Ordination eine gelehrte Reise durch Holland, England und Frankreich und versah nach seiner Rückkehr verschiedene Predigerstellen hinter einander, bis er den 19. März 1709 zum Pfarrer am Münster und Antistes erwählt wurde. Er ist der letzte unter denen, welche zugleich mit der obersten Pfarrstelle eine theologische Professur von Amtes wegen bekleideten und desshalb den Doctorgrad annahmen. Beides geschah bei ihm den 25. Juni 1709. Auch er war erst Prof. locorum und dann des Alten Testamentes. Er starb den 7. Mai 1737. Bedeutende gelehrte Leistungen sind von ihm nicht zu er-

---

tistischen und separatistischen Kreisen) gerathen. Indessen führt der Katalog der Frey'schen Bibliothek, dessen Verfasser gut unterrichtet war, die Schrift unter Werenfels' Namen auf.

[1] Vgl. seine am 17. April 1732 abgegebene Erklärung an den theol. Convent in der unten anzuführenden Abhandlung über *Wettstein*, in Ilgen's Zeitschrift 1839. 2. S. 139.

[2] Beilage VI.

— 43 —

wähnen, dagegen scheint er sich als Prediger ausgezeichnet zu haben[1]. Er war ein Mann von Witz und Humor, und noch heute werden Anekdoten von ihm erzählt, die uns zeigen, wie die alte theologische Gravität mit einer fast an's Frivole streifenden Jovialität sich trefflich zu vertragen wusste.

Ein eigentlicher, vielseitig gebildeter Gelehrter, ein »Polyhistor« nach dem Ausdruck der damaligen Zeit, war Jakob Christoph Iselin. Geboren den 12. Juli 1681, zeichnete er sich schon frühe in den Kampfübungen der Disputationen aus. Er that sich eben so sehr in der Dichtkunst, als in Philologie und Mathematik hervor. In Genf lernte er ausser dem Französischen auch das Italiänische und Spanische. Auf einer Reise in das südliche Frankreich studierte er die römischen Alterthümer und Inschriften. Nach Basel zurückgekehrt, legte er sich vorzugsweise auf orientalische Litteratur. Im Jahr 1704 folgte er einem Ruf als Professor der Beredsamkeit und der Geschichte nach Marburg. Er verweilte zwei Jahre daselbst und kehrte wieder an seine frühere Stelle in Basel zurück. Seine Disputation über den Kanon, womit er sich den Doctorgrad in der Theologie erwarb, zeigt uns, dass er den um jene Zeit mit Eifer betriebenen kritischen Untersuchungen sich zuwandte. Auch später, nachdem er im September 1711 die Professur der Dogmatik und bald darauf das Amt eines Bibliothekars angetreten, befasste er sich sowohl mit der Texteskritik der biblischen Bücher, als andrer Schriften des Alterthums. So unterstützte er den Ruäus in dessen Herausgabe der Werke des Origenes, den Kritiker Corte in der Herausgabe des Sallust, Breitinger in der Herausgabe der LXX, und J. A. Bengel in der des Neuen Testamentes. Eben diese kritischen Beschäftigungen waren es, die ihn mit Wettstein in Conflict brachten. Iselin war ein Mann von grosser Arbeitsfähigkeit, und diese kam bei seiner grossen Gefälligkeit auch Andern zu gut. So schrieb er den grössern Theil der Akten des Basler Concils dreimal ab, das einemal für den Geschichtschreiber desselben, den Hofprediger Lenfant in Berlin, ein andermal für den östreichischen Gesandten von Trautmannsdorf, ein drittes mal für den französischen Gesandten d'Aguesseau. Zur Erholung von seinen Anstrengungen machte er dann eine gelehrte Reise nach Frankreich und einen zwölfmonatlichen Aufenthalt in Paris, wo er die königliche Bibliothek zu weitern Studien benützte. Im Februar 1718 ward er zum Mitgliede der Akademie der Inschriften ernannt. Nachdem er noch längere Zeit an der Universität der Vaterstadt gewirkt, starb er den 13. April 1737.

Iselin war vorzüglich Historiker[2], und auch das wenige Theologische, das er ver-

---

[1] Buss-, Leichen- und Gelegenheitspredigten, auch eine Predigt zum Gedächtnissfest der Reformation 1719. Dazu kommen einige wenige lateinische Dissertationen und eine Gedächtnissrede auf seinen Vorfahr. J. R. Zwinger.

[2] Er gab das von J. Franz *Buddeus* (Leipzig 1709 und 1714) erschienene historische Lexikon, unterstützt von noch andern Mitarbeitern und mit Benützung von Baile's Wörterbuch in neuer und verbesserter Gestalt heraus, u. d. T.: Allgemeines historisches Lexicon. Leipz. 1722. IV, jedoch ohne Nennung seines Namens; doch wird es gemeiniglich als Iselin'sches Lexikon citirt. — Dazu kommen verschiedene historische Arbeiten in Zeitschriften. Vgl. Athen. raur. p. 95.

öffentlichte, gehört dem historischen Gebiete an. So seine Dissertation über das Verhältniss der Episcopalen Englands zu den Presbyterianern (1716). Endlich vertheidigte er auch die reformirte Orthodoxie der Kirche Basels gegen den Vorwurf, als sei dieselbe unter Sulzer's Antistitium gut lutherisch gewesen, durch eine historische Darlegung des Sachverhaltes[1]. Obgleich er keine Pfarrstelle bekleidete, so predigte er doch bisweilen, und zwar deutsch und französisch. Eine Sammlung von Buss-, Glaubens- und Dankpredigten, die er seiner Mutter dedicirte, ist 1719 erschienen.

Johann Ludwig Frey, geboren den 16. Nov. 1682, der Sohn eines Basler Rathsherrn, zeigte schon frühe hervorstechende Gaben. Schon als zehnjähriger Knabe lernte er das Hebräische, in welchem er sich später als Jüngling unter Buxtorfs Leitung vervollkommnete. Auch das Syrische und Arabische eignete er sich in der Folge an. J. R. Wettstein der Aeltere und die beiden Werenfelse waren seine Lehrer in der Theologie. Nach Vollendung seiner Studien besuchte er Genf, Lyon und Paris. Hier liess er sich durch den gelehrten Abbé Longuerue noch gründlicher in's Arabische einführen, auf das er alle seine Kraft und Zeit verwandte. Von Paris ging er nach den Niederlanden und kehrte über Deutschland nach Basel zurück. Es fehlte ihm nicht an Gelegenheit, seine erworbenen Kenntnisse in den orientalischen Sprachen, auch das Persische nicht ausgenommen, den jungen Theologen mitzutheilen. Er that es auf ein an ihn ergangenes Gesuch des akademischen Senates. Nur kurze Zeit verwaltete er das Amt eines Pfarrers von Kleinhüningen. Er concurrirte dann mit Iselin um den erledigten theologischen Lehrstuhl der Dogmatik und Polemik. Iselin erhielt die Stelle. Dagegen trat nun Frey als Professor der Geschichte in Iselin's Lücke ein, zugleich mit Titel und Amt eines ausserordentlichen Professors der Theologie. Den 23. Aug. 1711 erhielt er die Doctorwürde, wobei er eine Rede hielt »über den wunderbaren Fortgang des Evangeliums«. Erst den 20. Mai 1737 gelangte er an die Stelle eines ordentlichen Professors des Alten Testamentes, die er dann auch bis an seinen Tod (den 28. Febr. 1759) versah[2]. Frey zeichnet sich, ähnlich wie Iselin, durch eine universale Bildung und ein umfassendes Wissen aus. Auch in der historischen Theologie und der Patristik hat er Namhaftes geleistet. Ihm verdanken wir eine neue Ausgabe von Suicer's Thesaurus[3] und eine bis nahe an die neueste Zeit hin geschätzte Handausgabe der apostolischen Väter[4], der verschiedenen kleinen Dissertationen nicht zu gedenken. Unter diesen bildet ein unter der Ueberschrift: Meletemata de officio

---

[1] Gründlicher Bericht von dem Zustande der Religion oder von der Beschaffenheit der Lehre, welcher die Kirche von Basel seit der seligen Glaubensverbesserung bis auf jetzt zugethan gewesen ist, in Simmler's Sammlung alter und neuer Urkunden zur Beleuchtung der Kirchengeschichte vornämlich des Schweizerlandes Bd. I, Thl. 3.
[2] An dem das Jahr darauf folgenden Jubelfeste der Universität den 18. April 1760 hat Beck das Andenken an ihn in einer solennen Rede (Oratio funebris) gefeiert.
[3] Amsterdam 1728. II. Fol.
[4] Patres apostolici c. suis allorumque notis. Bas. 1742. 8°. enthält die Briefe des Clemens, Ignatius und Polycarp. Jetzt ist die Ausgabe freilich durch die Ausgaben von Hefele und Muralt in den Hintergrund gedrängt.

doctoris christiani erschienener Cyklus eine Art von theologischer Encyklopädie[1]. Auch an Iselin's Lexicon hat er mitgearbeitet.

In einen nicht sehr erfreulichen Federkampf wurde Frey verwickelt mit dem Holländer Jakob Krighout, und diess in Folge des Wettsteinischen Handels. Wir haben diesen anderwärts ausführlich dargestellt[2]. Hier nur so viel:

Joh. Jac. Wettstein, der Neffe des Professors, Sohn des Pfarrers zu St. Leonhard und selbst Helfer (Diaconus) an dieser Kirche, war nicht öffentlicher Lehrer an der Universität; aber er ertheilte den Studierenden freiwilligen Unterricht. Das Institut der Privatdocenten war noch kein geordnetes, wie zu unsrer Zeit; factisch aber gehörte Wettstein's Thätigkeit in diese Kategorie. Nun beschäftigte er sich vielfach mit den Vorarbeiten zu seiner kritischen Ausgabe des Neuen Testamentes und ging anfänglich mit Frey und Iselin einig. Später aber trat ein Bruch ein, der am Ende zu einem weitläufigen Inquisitionsprocess gegen Wettstein hinführte. Dieser wurde (auch von eidgenössischen Mitständen) der Irrlehre, namentlich des Arianismus, beschuldigt und seine Herausgabe des Neuen Testamentes damit in Verbindung gebracht, als wolle er den Text desselben zu Gunsten seiner Meinungen verfälschen (namentlich in Beziehung auf ὅς und θεός 1 Tim. 3, 16). Aus unvollständigen Collegienheften und zum Theil widersprechenden Aussagen seiner Zuhörer, ja auch auf Belastungszeugnisse von Handwerkern hin, die seine Predigten gehört hatten, wurden die Klagepunkte zusammengestellt und Wettstein darüber vernommen. Das Resultat war seine Entsetzung. Er wandte der Vaterstadt den Rücken und zog sich nach Amsterdam zurück, wo seine Verdienste eine bessere Würdigung fanden. Er ward Nachfolger des Clericus am Remonstrantencollegium. Auch spätere Versuche, ihn wieder für Basel zu gewinnen, scheiterten an dem beharrlichen Widerspruche der Gegner. So wurde denn auch die Privatfehde Frey's mit Krighout nicht ohne Leidenschaft geführt[3], und schwerlich wird man behaupten, Frey sei als Sieger aus diesem Kampfe hervorgegangen. Gleichwohl stimmten damals mehrere Theologen, die mit Frey sich zu der liberalern Richtung bekannten, ihm in der Wettsteinischen Sache bei, weil sie diese eben nicht mit dem vermengt haben wollten, was sie von ihrem Standpunkt aus erstrebten[4].

---
[1] Vgl. m. Encyklopädie und Methodologie der theol. Wiss. 5. Aufl. S. 91.
[2] J. J. Wettstein, der Kritiker u. seine Gegner; in *Ilgen's* Zeitschrift für histor. Theol. 1830. I.
[3] Wettstein's Gegner hatten die Akten des Processes herausgegeben: Acta oder Handlungen betreffend die Irrthümer u. anstössige Lehren Herrn J. J. W. gewesenen Diac. Leonh. u. s. w. Bas. 1730. — Ueber diese liessen sich von verschiedenen Seiten her missbilligende Stimmen vernehmen. Nun hielt der holländische Professor Jac. *Krighout* 1754 eine Leichenrede auf Wettstein, worin er das Verfahren der Basler Theologen auf's Schärfste rügte. Dagegen verfasste *Frey* seine Epistola ad virum clar. et rev. Jac. Krighout, Remonstrantium Amstel. Professorem Bas. 1754. Nun aber remonstrirte wieder Krighout in seiner Memoria Wetsteniana vindicata. 1755.
[4] S. Beilage VII. Die von Frey hinterlassene Briefsammlung (3 Bde. Ms. 4°), die sich nebst seinem übrigen handschriftlichen Nachlasse in der Bibliothek des Institutes befindet, enthält viel Werthvolles für die Zeitgeschichte. Es sind ausser den lateinischen, deutschen, französischen und englischen Briefen verschiedener Gelehrter an Frey auch hebräische und arabische darunter.

Ein würdigeres Denkmahl als in dem Wettsteinischen Processe hat Frei seinem Namen gestiftet in Gründung eines noch jetzt nach ihm und seinem Freunde Grynäus genannten theologischen Institutes. Im Gefühl, dass die sparsamen öffentlichen Vorlesungen zur Bildung junger Theologen nicht hinreichten, stiftete er ein eigenes Lectorat, das unter einer vom Staate wie von der Universität unabhängigen Verwaltung von drei Männern stehen sollte, die er selbst zu diesem Behuf ernannte, und die auch in der Folge durch Cooptation sich ergänzen sollten. Der Lector soll ein wissenschaftlich gebildeter, wo möglich graduirter Theologe sein; er soll den Studirenden einen über das akademisch vorgeschriebene Pensum hinaus gehenden Unterricht ertheilen und dabei hauptsächlich das in's Auge fassen, was zur Vertheidigung der Wahrheit und Göttlichkeit des Christenthums, zur Beförderung des Schriftstudiums und zur Erzielung des Kirchenfriedens dient. In dieser Richtung soll er auch von Zeit zu Zeit etwas Schriftliches herausgeben. Dafür ward ihm der Genuss einer Wohnung und der damit verbundenen an 7000 Bänden starken Bibliothek nebst einer kleinen Besoldung aus den Zinsen eines Capitals zugesichert, das von seinem Freunde Grynäus zu demselben Zwecke ausgeworfen wurde. Zum Lector bestellte der Testator seinen Neffen Jakob Christoph Beck. Zuvor noch ein Wort über den Mitstifter Johann Grynäus.

Johann Grynäus ist der Dritte in der Reihe der Gelehrten dieses Namens. Er wurde geboren den 8. Juni 1705 zu Läufelfingen (Kanton Basel), wo sein Vater Pfarrer war. Nach dessen Tod zog der Knabe mit der Mutter in die Stadt und besuchte die Schulen derselben. Er studirte erst die Rechte, in denen er Licentiat und Doctor wurde. Um nun auch das mosaische Recht (Ius divinum) tiefer zu ergründen, liess er sich von Frey in die Sprache des Alten Testamentes einführen. Von da ging es weiter in das Rabbinische, Syrische, Arabische. In letzterm eignete er sich eine solche Fertigkeit zu, dass ihm der mündliche Verkehr auch mit geborenen Arabern leicht wurde. Die biblisch-orientalische Philologie führte nun aber den Juristen vollends zum Studium der Theologie über. Nachdem er in der philosophischen Facultät die Fächer der Ethik und der Logik, sowie des Hebräischen versehen hatte, ward er im December 1737 zum Professor der Dogmatik und Polemik ernannt und im darauf folgenden Januar von Frey zum Doctor creirt. 1740 erhielt er die Professur des Neuen Testamentes. Er starb den 11. April 1744. Seinen schriftlichen Nachlass hat Frey herausgegeben [1].

Jakob Christoph Beck, geboren den 1. März 1711, ein Schüler Iselin's und Frey's, wandte sich vorzüglich den historischen Studien zu, und bekleidete auch anfänglich (seit 1737) die Professur der Geschichte. Er gab verschiedene historische Abhandlungen

---

[1] Joh. Grynæi *laµara sive opuscula nonnulla theologico-miscellanea*. Præfigitur auctoris biographia Bas. 1746. — Das Geschlecht der Grynäen ist ausgestorben mit *Simon Grynaus*, Pfarrer zu St. Peter, der in directer Linie von dem ältern Simon abstammte (geb. 1725, † 1790), der Verf. einer Bibelübersetzung (1776) nach dem damaligen Zeitgeschmacke und verschiedener Schriften, meist Uebersetzungen aus dem Englischen.

im Druck heraus, versah das Iselin'sche historische Lexicon mit Supplementen und bearbeitete einen Auszug aus Wurstisens Chronik mit Zusätzen. Handschriftliches von ihm über das gelehrte Basel findet sich in der Frey'schen Bibliothek. Auch hat er die dritte Säcularfeier der Universität (1760) beschrieben [1].

Im Jahr 1740 hatte er sich zu einer theologischen Professur gemeldet, da ihn aber das Loos, das nunmehr auch bei Besetzung kirchlicher und akademischer Stellen angewendet wurde [2], nicht begünstigte, musste er zuwarten, bis er 1744, weil kein Mitbewerber da war, zum Professor locorum erwählt wurde und dann auch den theologischen Doctorgrad erhielt.

Als theologischer Schriftsteller hat Beck sich besonders durch zwei Werke verdient gemacht, durch sein Compendium der Dogmatik und durch seine biblische Concordanz [3]. In seine Zeit fiel auch der Separatistenstreit, der den Kircheomännern viel zu schaffen machte. Beck erhielt den Auftrag, die Schriften der Separatisten zu widerlegen. Er that es mit Milde und Umsicht in seiner Schrift: Ungrund des Separatismus (Basel 1753), wogegen die beiden Häupter der Separatisten, J. U. Miville und Fäsch, eine heftige Gegenschrift erscheinen liessen. Ueberdiess veröffentlichte er ein Compendium der alttestamentlichen Kirchengeschichte (Basel 1779) und gab in seiner Stellung als Lector des Frey-Grynäischen Institutes, nach dem Sinne des Stifters, verschiedene Dissertationen heraus. Er starb den 17. Mai 1785.

Das erwähnte Compendium der Dogmatik [4], das noch bis in die ersten Decennien dieses Jahrhunderts hinein die Grundlage der wöchentlich mit den Studenten abzuhaltenden Disputationen bildete, nimmt in der Geschichte der dogmatischen Litteratur insofern eine merkwürdige Stellung ein, als die ältere Orthodoxie, die jetzt schon vielfach erschüttert wurde, noch in ihren Grundzügen festgehalten ist [5]. Und doch lässt sich auch bei Beck

---

[1] In Simmler's Sammlung II. 8, S. 989.
[2] Ueber die Geschichte desselben siehe Ochs VII, S. 440, 461 ff. 585, 586. Lutz, Geschichte der Universität Basel (Aarau 1826) S. 207.
[3] Vollständiges biblisches Wörterbuch oder Real- und Verbalconcordanz u. s. w. Basel 1770. II. f. Charakteristisch für den Zeitgeschmack sind die von H. A. (ohne Zweifel Hieronymus d'Annone) vorgesetzten Verse, welche so schliessen:

„Gott segne den gelehrten *Becken*
Und lass ihn manches Herz erwecken.
Fein, bibelmässig, das ist rein
Im Wort und in der That zu sein,
So wächst die Christenheit in's Ganze
Und wird zur Himmels-*Concordanze*."

[4] Synopsis Institutionum universae Theologiae naturalis et revelatae, dogmaticae, polemicae et practicae, in usum auditorii domestici. Bas. 1765. — Schon 1757 waren von ihm Fundamenta Theologiae naturalis et revelatae erschienen, welche die Grundlage zur Synopsis bildeten. Diese sollte ein eigentliches Studentenbuch sein. Iuvenilibus studiosis haec destinata sunt, heisst es in der Vorrede.
[5] Schweizer, Centraldogmen II. S. 158.

die Einsicht in die veränderten Zeitverhältnisse und eine verständige Berücksichtigung derselben nicht verkennen. Der polemische Stachel gegen die lutherische Kirche ist vollends abgestumpft. Auf den Gegensatz in Beziehung auf die Lehre vom Abendmahl wird absichtlich kein Gewicht gelegt; der Verfasser bedauert es vielmehr im Geist eines Osterwald und Werenfels, dass das Mahl der Liebe, das alle Christen unter ihr himmlisches Oberhaupt vereinigen sollte, zu einem Erisapfel geworden sei. Ja, er wirft sogar (hierin allerdings auf dem reformirten Extrem) die Frage auf, ob die Lehre von den Sacramenten (als zum Cultus gehörend) nicht eher von der Dogmatik abzutrennen und in die praktische Theologie zu verweisen wäre. Dagegen glaubt er, dass die Polemik, die man nur zu lange den Lutheranern entgegengesetzt[1], vorzugsweise sich gegen die Ungläubigen innerhalb der reformirten Kirche zu wenden hätte. Er denkt dabei an die Deisten und Freidenker, welche gerade damals in ihrer Blüthe standen. Aber auch in den Fanatikern und Sectirern sieht er eben so gefährliche Feinde der geoffenbarten Religion, als in den Ungläubigen: denn nichts, bemerkt er trefflich, reize den Ungläubigen mehr zum Widerspruch gegen das Christenthum, als jener Fanatismus, der den Schatten der Religion an ihre Stelle setze und die Zuversicht des Glaubens mit Starrsinn verwechsle. Er sprach hier aus Erfahrung.

Einen Hauptnachdruck legte Beck auf die praktische Theologie, unter der er freilich die Ethik verstand[2]. Dass letztere in den früheren dogmatischen Lehrbüchern (z. B. bei Wolleb) nur als Anhang zur Dogmatik behandelt wurde, genügt ihm nicht; er dringt darauf, dass sie möge als eigene Disciplin gefasst und behandelt werden. Diesem praktischen Gesichtspunkte angemessen ist nun auch die Einrichtung seines Compendiums. Zuerst wird eine kurze Uebersicht des theologischen Studiums, eine Art von Encyklopädie, vorausgeschickt. In dieser entwirft er ein getreues Bild des theologischen Studiums, wie es zu seiner Zeit, also um die Mitte des 18. Jahrhunderts, getrieben wurde. Es wird unsrer Aufgabe angemessen sein, einiges daraus mitzutheilen.

»Bei uns,« schreibt der Verfasser (p. 39), »sind drei ordentliche Professoren der Theologie. Diese pflegen nach altem Gebrauch wöchentlich zwei öffentliche Vorlesungen zu halten, der eine über das Neue, der andere über das Alte Testament, der dritte über die Hauptstücke der theoretischen und praktischen Theologie[3]. Zu diesen kommen noch eine öffentliche und einige Privatstunden, die aber allen offen stehen, Disputationen und Anleitung zur Homiletik[4]. Eine Ergänzung zu diesen Vorlesungen bildet endlich das 1759 gestiftete Frey-Grynäische Institut, und überdiess werden wöchentlich vier hebräische Lectionen gehalten, in welcher Grammatik, verbunden mit cursorischer Lektüre, betrieben wird.

---

[1] Tædebat me iam dudum istarum controversiarum quae dicuntur esse inter Lutheranos et Reformatos, heisst es in der Vorrede. Er vermied auch den Ausdruck „Lutheraner" so gut er konnte.
[2] Theologia practica seu moralis.
[3] Man sieht, der Verf. vermeidet absichtlich den Ausdruck: locorum communium et controversiarum als obsolet.
[4] Diese wurde eben gelegentlich ertheilt.

Von den öffentlichen Vorlesungen fallen zwei, höchstens drei auf einen Tag. Das Uebrige ist dem Privatfleiss überlassen. Da die Fremden in der Regel die sprachlichen Kenntnisse schon mitbringen [1], so wird ihnen dann ein anderes Pensum angewiesen.« Beck klagt über die geringe Vorbereitung der Basler Studenten, die freilich schon im 16. und 17. Jahr in die Theologie eintreten. Manche können nur mit Noth den Cornelius Nepos und Justin lesen und ein wenig aus dem Griechischen des Neuen Testamentes übersetzen; auch in der allgemeinen Geschichte, in Mathematik, Logik, Rhetorik, Physik und Moral zeigen Viele nur unzureichende Kenntnisse [2]. Darum ein fünfjähriger Curs in der Theologie nicht ein zu grosser Zeitraum, um sich das Nöthige für den Kirchendienst anzueignen; für die besser geschulten Deutschen möge ein Triennium hinreichen. — Dass Beck selbst sich bemühte, den Kurs über sein eigenes Lehrbuch innerhalb Jahresfrist zu vollenden, geht aus schriftlichen Notizen hervor. — Man kann wohl behaupten, dass mit diesem thätigen und strebsamen Manne die gelehrte Theologie der Basler Hochschule, sofern sie wenigstens durch grössere schriftstellerische Leistungen sich kund gab, auf längere Zeit zum Schweigen gebracht wurde.

So hinterliessen die beiden ihm zunächst stehenden Professoren, Emanuel Ryhiner und Johann Balthasar Burckhardt, wenig Spuren ihrer wissenschaftlichen Leistungen; obgleich uns von Ryhiner (geboren den 7. Juni 1695) gerühmt wird, dass er ein sehr gelehrter Mann war, so dass, nachdem er aus Gesundheitsrücksichten von den Pfarrgeschäften (erst in St. Alban, dann in St. Leonhard) sich zurückgezogen, er nach Frey's Tode wieder aus seinem Ruhestand hervorgezogen und den 4. April 1759 auf den Lehrstuhl der Dogmatik gehoben wurde, und zwar ausnahmsweise ohne Anwendung des Looses. Den Doctorgrad erlangte er, nachdem er eine Dissertation über die »Auferstehung Christi« vertheidigt hatte. Er verwaltete sein Amt nicht lange. Mitten in einer Conventssitzung ward er von einem Herzschlage gerührt und starb den 19. Juli 1764. Von ihm liegt auch gar nichts Gedrucktes vor, ausser einer Predigt über den 148. Psalm und einigen Leichenpredigten [3].

---

[1] Noch bis auf diesen Tag verhält es sich so mit dem Hebräischen, das bei uns in der Regel erst im ersten Semester des theol. Studiums begonnen wird. Dafür aber ist statt eines Trienniums ein vierjähriger Curs angesetzt.

[2] Ueber die Geschichte des Basler *Schulwesens* sind ausser den Programmen von *Fechter* (1830—39) auch dessen Schrift über *Thomas Platter* und das eben angeführte Programm über *Beat Helius* von *H. Burckhardt* zu erwähnen. Nachdem das Pädagogium, welches ein „Mittelhaus" zwischen den untern Schulen und der Universität sein sollte, im Jahr 1589 eingegangen war, traten die noch sehr jungen Schüler sofort aus dem Gymnasium unter die Professoren der philosophischen Facultät und hiessen bereits Studenten oder Laureandi. Nach zwei Jahren wurden sie Laureaten und nach fernern zwei Jahren Magister. Erst als solche konnten sie in eine „höhere Facultät" eintreten. Diese Einrichtung blieb bis zum Jahr 1817, wo das Pädagogium wieder eingesetzt wurde, an welchem auch jetzt noch die Professoren der Philosophie Unterricht ertheilen. Wie übel es mit dem propädeutischen Unterrichte bis auf diesen Zeitpunkt bestellt war und wie es mit der Maturität der also Gebildeten aussah, kann nur von denen ermessen werden, welche selbst noch diesen Zustand der Dinge erlebt und durchgemacht haben.

[3] Athen. raur. p. 97.

Nicht viel mehr ist zu sagen über Johann Balthasar Burckhardt, den Sohn des oben genannten Antistes Hieronymus Burckhardt, geb. den 9. Februar 1710. Zur Ausbildung der Basler Jugend gehörte jetzt der unvermeidliche Besuch des sogenannten »Welschlandes«. Diesen Weg, den schon Ryhiner gegangen, sehen wir auch Burckhardt gehen. Beide hatten sich ihr Französisch in Vivis geholt. Auffallen mag es uns auch, dass Burckhardt zu Vervollständigung seiner theologischen Studien sich nach Zürich begab, das zwar keine Hochschule besass, aber mit wissenschaftlichen Kräften reicher ausgestattet war, als Basel. Indessen machte Burckhardt darin eine rühmliche Ausnahme von der seit langer Zeit eingetretenen Uebung, sich mit blossen gelehrten Reisen zu begnügen, dass er eine deutsche Hochschule besuchte, und zwar Marburg, vorzüglich um des Philosophen Chr. Wolf's willen. Wie viel er selbst davon sich angeeignet, wissen wir nicht; wohl aber, dass über Wolf's Verhältniss zur orthodoxen Theologie die Meinungen der Zeit sehr getheilt waren, und so geschah es denn auch, dass junge Schweizer, die durch den Besuch Marburgs sich unbefriedigt fanden, von dort sich wiederum nach Basel wendeten[1].

Nachdem Burckhardt noch eine gelehrte Rundreise gemacht, kehrte er nach Basel zurück und trat den 15. December 1733 die Lehrstelle der Rhetorik an, mit der er auch vicariatsweise die des Hebräischen verband, bis ihm den 28. November 1740 die theologische Professur der Dogmatik durch Gunst des Looses zufiel. Später 1744 rückte er zur Professur des Neuen Testamentes vor. Er starb hoch betagt im April 1792. Unter den wenigen von ihm geschriebenen Dissertationen[2] hebt sich eine Rechtfertigung des Patriarchen Joseph gegen die Angriffe des englischen Deisten Morgan hervor (1746).

Wie schon Beck es richtig bezeichnete, so war es für die Polemik an der Zeit, andern Gebieten sich zuzuwenden als denen, auf welchen sie bisher ihre Kräfte geübt, zuletzt erschöpft hatte. Jetzt musste sie ihre Arbeit an die Apologetik abtreten; von dem Streit nach innen hatte sie den Blick hin zu wenden auf die Angriffe, die nicht mehr der einzelnen Confession, sondern dem positiven Christenthum, dem Offenbarungsglauben überhaupt galten. Neue Aufgaben wurden somit der Theologie mit der neuen Zeit gestellt. Wie weit ihnen die theologische Schule Basels zu genügen suchte, soll in unserm letzten Abschnitt gezeigt werden.

---

[1] Stimmen der Zeitgenossen über Wolf siehe Beilage VIII.
[2] Deren Verzeichniss Athen. raur. p. 83.

V.
Die neuere Zeit.

Während die zweite Hälfte des 18. Jahrhunderts für die Entwicklung der deutschen Theologie von den grössten Folgen war, so finden wir, dass Basel davon so gut als gar nicht berührt wurde. Die ganze Sturm- und Drangperiode des Rationalismus in seinen verschiedenen Phasen ging wie ein Gewitter, das wir nur aus der Ferne beobachten, an Basels Kirche und Universität vorüber. Im Wettsteinischen Handel war der erste Ansatz zu einer heterodoxen Lehrweise in der Geburt erstickt worden. Die alte calvinische Orthodoxie, für welche noch die Zwinger und Gernler gekämpft hatten, war zwar seit der Zeit eines Werenfels und Frey bedeutend gemildert, ja bis an die Schranken eines confessionellen Indifferentismus zurückgedrängt; es war nicht mehr die eiserne Consequenz des Syllabus und der Consensformel, es war die mildere, biblisch-rationale, von gemüthlicher Denkweise getragene, an die Orthodoxie der Kirche sich immerhin anschliessende Denkweise, wie sie in Beck's Compendium hervortritt. Aber dabei blieb es nun auch. Ueber Beck's Compendium wurde nicht weiter hinausgeschritten, auch dann nicht, als in Deutschland die Döderlein, Morus, Storr, Reinhard in rascher Folge einander ablösend den dogmatischen Stoff, so weit es die Rechtgläubigkeit zuliess, in neue Formen gegossen hatten. Auch die exegetische Schule blieb hinter Ernesti und seiner Schule zurück. Die Kirchengeschichte, die mit Mosheim einen neuen Aufschwung genommen, ja eigentlich erst in den Rang einer Wissenschaft sich erhoben hatte, wurde gar nicht oder höchstens provisorisch und stiefmütterlich behandelt. Dogmengeschichte vollends blieb ein unbebautes Land. Weder Semler's Kritik des biblischen Kanons, noch Kant's Kritik der reinen Vernunft beunruhigten die vom Ruhm der Väter zehrenden Erben. Auch die Einflüsse des Pietismus zeigten sich mehr vereinzelt bei einigen dieser Richtung folgenden Dienern der Kirche, als gerade bei den Lehrern der Hochschule. Es war mit einem Worte ein geistiger und geistlicher Tod, eine Stagnation eingetreten, über die man sich nicht wundern wird, wenn man bedenkt, wie seit längerer Zeit die Lehrstühle nur mit Einheimischen besetzt wurden, wozu dann noch die unverständige Einrichtung des Looses kam, die indessen glücklicherweise bisweilen bei der Besetzung theologischer Lehrstühle umgangen wurde. Es ist unerquicklich, diese Zeit weiter auszuführen, die auch die übrigen Facultäten in keinem günstigern Lichte erscheinen lässt. Und doch bemerken wir, dass um diese Zeit gerade die Geistlichen Basels sich mit dem vorhandenen Zustande begnügten und in der Regel ihr ganzes Studium mit Vermeidung aller fremden, als neologisch verdächtigten Weisheit, in der Vaterstadt absolvirten. Die Frequenz, die übrigens zu keiner Zeit eine sehr grosse, aber doch durch den Besuch fremder Gäste aus Ungarn und andern

— 52 —

reformirten Ländern (selbst aus England) eine erfreuliche gewesen [1], beschränkte sich jetzt grossentheils auf den Zuzug aus der obern Schweiz, und bei der geringen Vorbereitung, welche die Meisten mitbrachten, mussten auch die Forderungen möglichst niedrig gestellt werden [2].

Es hat zwar nicht an Solchen gefehlt, welche diesen mangelhaften Zuständen abzuhelfen suchten. War es doch der edle Isaak Iselin, der das Jubeljahr der Universität (1760) benützte, um in »unvorgreiflichen Gedanken« auf die Verbesserung der baslerischen hohen Schule hinzuwirken [3]. So stellte er auch für die Theologie wahrlich nicht zu hohe Forderungen, wenn er neben den bestehenden Fächern auch Pastoraltheologie und Moral forderte, allerdings vom Standpunkte eines utilitarischen Philanthropismus aus. Allein es war von Seiten der Universität wenig Neigung vorhanden, auf irgend welche Neuerung einzugehen. Ein nach Beck's Tod im grossen Rath (1785) gestellter Antrag hatte auch keine weitere Folge [4]. Selbst als im Jahr 1810 von der Regierung (unterzeichnet Wieland, Staatsschreiber) ein Bericht gefordert wurde über den Zustand der Facultäten, mithin auch der theologischen, über die Zahl der Studierenden und der gehaltenen Vorlesungen, über die Dauer der Kurse (die sich ungebührlich in die Länge zogen), wobei auch die Frage angeregt wurde, ob es nicht zweckmässig wäre, Homiletik zu lesen und was für wesentliche Aenderungen und Einrichtungen zur Beförderung der theologischen Studien sollten getroffen werden, wurde von Seiten der theologischen Facultät folgender Bescheid gegeben: die Zahl der Studiosi Theol. belaufe sich auf 46, darunter 14 Stadtbürger, 4 Landbürger und 28 Fremde; jeder der drei Professoren halte wöchentlich zwei öffentliche Vorlesungen und zwar um 3 Uhr Nachmittags, Einer am Montag und Freitag, ein Andrer am Dienstag und Mittwoch, ein Dritter Donnerstags und Samstags. Davon gehen die Ferien ab, wogegen aber »anstatt der Ferien privatim eben so viel Frei-Lectionen pflegen gehalten zu werden.« Wir erfahren nun weiter, dass die exegetischen Collegien über das Alte und

---

[1] Nach einer von uns angestellten Vergleichung der Matrikel blieb sich die Zahl der Theologen (nur von diesen reden wir) seit 1597 (so weit reicht das Album) mit geringen Schwankungen ziemlich gleich. Am meisten hat sie sich in der neuesten Zeit gehoben. Wie geringschätzig gegen Ende des 18. Jahrhunderts über Basels Universität und theologische Facultät von gewissen Touristen geurtheilt wurde, s. *Campe*, Interessante Reisebeschreibungen für die Jugend. 1786. 2. Thl. S. 349. 350.

[2] Schon zur Zeit *Frey's* schreibt ein Pfarrer *Serin*, Kammerer der Synode von Toggenburg, an Frey (29. Nov. 1740), indem er ihm einen Appenzeller Studenten empfiehlt: „es verlange derselbe aber nicht lange aufgehalten zu werden, nicht allein wegen der grossen Unkösten, die er zu menagiren Ursach, sondern auch weilen er die Zeit bald und etwa bei nächster Gelegenheit anzukommen, nicht aus der Acht und Hand lassen wolle." „Dann der Studien halben man seinethalb in dem Land umb so vil mehr vergnügt sein wird, weil ja sonderlich des Orths Appenzell keine subtile und supergrosse Erudition [nöthig ist], sondern allein eine satte Erkanntniss der Kerntheologie, und die Gab und Tüchtigkeit einfältigen Leuthen wie die Leüthe dieses Landes, mit gottselig gelehrter Einfalt das Wort Gottes erbaulich vorzutragen." (Frey'sche Briefsammlung, Manuscript.)

[3] *Luts*, Geschichte der Universität Basel S. 241.

[4] Luts a. a. O. S. 273.

Neue Testament einfach darin bestanden, entweder ein ganzes biblisches Buch oder einzelne Capitel und ausgewählte Stellen von den Studenten mündlich aus der Grundsprache in's Lateinische übersetzen zu lassen, worauf »der Lehrer das Vorgelesene zu erklären sich angelegen sein lasse«. Der Lehrer der Dogmatik sei dazu bestellt, »dass er die Grundwahrheiten der christlichen Religion vortrage, erkläre und beweise und entgegengesetzte Irrthümer kräftig widerlege; dabei habe er vornämlich darauf zu sehen, dass er den Zuhörern die Praxis der christlichen Pflichten und Tugenden einschärfe und bestens empfehle« (diess schien die Ethik ersetzen zu sollen). Ueber die Dauer der Kurse wurde eine ausweichende Antwort gegeben; die Pensa seien verschieden, die einen reichhaltiger als die andern und erfordern also mehr Zeit; auch seien die Fähigkeiten der Zuhörer ungleich, und so müsse man auch den Schwächern Rechnung tragen. Homiletik zu lesen, sei nicht nöthig. »Seit 50 bis 60 Jahren aber haben einige Herrn Professores Theologiä und auch etliche Herren Pastores und Diaconi denjenigen Studiosis, welche einen guten Grund der Lehre schon geleget haben, privatim eine Anweisung gegeben, wie sie eine erbauliche Predigt zu verfertigen haben. Sollte aber dieser Vortheil nicht mehr zu geniessen sein, so würde alsdann wie diessorts zu helfen sein könnte, wiederum Rath zu finden sein.« — Am erzürntesten zeigt sich die Facultät wegen der zuletzt erhobenen Frage in Absicht auf zeitgemässe Aenderungen: »Wir können gar nicht einsehen, was dergleichen wesentliche Abänderungen oder Einrichtungen vorzunehmen nöthig machen sollte. Projecte, neologische Projecte liessen sich zwar leicht entwerfen; ob aber durch dieselben die theologischen Studien würden befördert werden, das ist eine andere Frage, welche wir billig mit Nein beantworten.« Auch nur eine Probe »würde nicht nur gefährlich sein, sondern auch einen wirklichen Schaden verursachen«. Die Facultät gesteht zwar ein, dass Kirchengeschichte, biblische Archäologie, biblische Philologie und Kritik Lehrfächer seien, die sich auf dem Vorlesungsverzeichnisse nicht finden; »allein diese können privatim mit grösserm Nutzen als in öffentlichen Vorlesungen gelehrt und gelernt werden.« Die Professoren hätten mit den bisherigen Pensis genug zu thun. An die Möglichkeit einer Vermehrung der Lehrkräfte wurde nicht von ferne gedacht.

Diess ein Gutachten der theol. Facultät vom 8. Februar des Jahres 1810; unterzeichnet von dem Decan Herzog [1].

Wir kehren von der theologischen Schule zu ihren Lehrern zurück, die wir für den Zustand nicht allein verantwortlich machen wollen und von denen wir gerne glauben, dass sie an ihrem Orte nach ihrem besten Wissen und Gewissen das Ihrige thaten.

Der oben genannte Johann Werner Herzog, geb. den 25. Sept. 1726, stammte aus einer Basler Bürgerfamilie und bestieg, nachdem er zuerst andere Lehrfächer ziemlich heterogener Art versehen (das Hebräische, das Jus naturæ et gentium und das Griechische),

---

[1] Nach dem Protokoll der Facultät mitgetheilt.

1765 den Lehrstuhl der Dogmatik; er hatte zuvor (im December 1764) »über die Ewigkeit der Höllenstrafen« disputirt. 1785 ward er Professor des Alten Testamentes an Beck's Stelle. Ihm verdanken wir grossentheils die biographischen Nachrichten, die wir bis dahin mitzutheilen im Stande waren. Er ist der Verfasser des öfter von uns citirten Werkes: Athenæ rauricæ [1], das trotz seines panegyrischen und schwülstigen Styles viel Brauchbares enthält. Herzog's Name steht überdiess in Verbindung mit der von Dr. Joh. Aug. Urlsperger in Basel gestifteten Christenthumsgesellschaft, welche dem Volke unter dem Namen der »deutschen Gesellschaft« bekannt ist. Am 30. August 1780 sammelten sich in seinem Hause die ersten Gründer derselben, und er ward zu ihrem Präsidenten erwählt [2]. Auch der im Jahr 1804 gestifteten Bibelgesellschaft stand er vor. Er starb im November 1815.

Neben ihm lehrte Jakob Meyer, geb. den 26. Sept. 1741, ein Abkömmling (wenn wir nicht irren) des in der Reformationszeit hervorragenden Bürgermeisters gleichen Namens. Seine Eltern bestimmten ihn schon in der Wiege dem geistlichen Stande. Er ging durchaus den der studierenden Jugend Basels angewiesenen Bildungsgang, trat als Magister 1758 in das Studium der Theologie ein, wurde 1763 Candidat und 1765 Prof. der Geschichte. Er nahm indessen Urlaub, um eine gelehrte Reise nach England zu machen. Nach einem Zeitraum von 20 Jahren, den 20. Juli 1785, wurde er, und zwar mit Uebergehung des Looses, durch unmittelbaren Ruf *(solemniter)* zum Professor der Theologie erwählt.

Noch sind einige seiner ehmaligen Schüler am Leben. Sie rühmen seine Gelehrsamkeit, seine Freundlichkeit im Umgange und namentlich sein schönes Latein. In dieser Sprache wurden noch bis in's 19. Jahrhundert hinein die theologischen Vorlesungen gehalten. Er starb im Juli 1813 [3].

---

[1] Athenæ rauriæ sive Catalogus Professorum academiæ Basileensis ab a. MCCCLX ad annum MDCCLXXVIII. cum brevi singulorum biographia, Basil. 1778. Ein Supplementband (1780) behandelt die Geschichte der im Ausland wirkenden Basler Gelehrten: Adumbratio eruditorum Basiliensium meritis apud exteros olim hodieque celebrium. Auf dem Titel heisst es: Tot tantosque Raurica tellus protulit eruditos, ut si quis eorum magnitudinem atque multitudinem cum urbis ambitu conferat, vires ultra putet. Ita late per orbem terrarum suos circumtulit natos, ut qui eos legant, non unius civitatis sed populorum cives se legere putent. In diesem Styl ist auch das ganze Buch gehalten.

[2] *Oxtertag*, die deutsche Christenthumsgesellschaft in den Basler histor. Beiträgen, Jahrgang 4.

[3] Die einzige theologische Druckschrift, die ich mir von ihm verschaffen konnte, ist die Dissertation, die er schon 1758 bei seiner Magisterpromotion herausgab: Specimen observationum miscellanearum ad S. Scripturæ quædam loca, worin er u. a. die Worte Richt. 15, 19 מַכְתֵּשׁ אֲשֶׁר בַּלֶּחִי nicht von der Zahnhöhle des Eselskinnbackens, sondern mit den meisten Neuern von einer Felsenhöhlung bei Lechi versteht (vgl. die Commentare von *Studer* und *Bertheau* zu der Stelle). Bezeichnend ist dabei seine Aeusserung über die *Wunder*. Er will dieselben nicht weg erklären, wie es damals anfing Mode zu werden; aber er will ihre Zahl nicht durch falsche Auffassung des Grundtextes vergrössert wissen, damit den Spöttern nicht unnöthigerweise Anlass zum Spott gegeben werde. Dabei stellt er einen dogmatischen Kanon auf, der sich hören lässt: In edendis miraculis quam minimum quo libet tempore necesse est, a naturæ legibus Deus solet recedere.

Diesen beiden Männern, Herzog und Meyer, schloss sich ferner an der letzte aus dem Theologengeschlechte der Buxtorfe, Johann Rudolf Buxtorf, geboren den 24. October 1747. Sein Vater war Archiater, seine Mutter eine geborene Zwinger. Auch er vollendete seine Studien in Basel, nahm dann eine Hofmeisterstelle bei dem Grafen von Schaumburg-Lippe in Bückeburg an[1] und wurde darauf 1773, nachdem er in die Vaterstadt zurückgekehrt, Professor der Rhetorik[2]. Schon zu Lebzeiten seines Oheims Beck war er zum Lector des Frey'schen Institutes ernannt worden, in dessen Stelle er 1785 eintrat. Als solcher las er abwechselnd Kirchengeschichte des Alten Testamentes und biblische Archäologie, wobei Goduin's Moses und Aaron als Leitfaden diente. Zum Professor der Theologie (Dogmatik) ward er, und zwar gleichfalls mit Uebergehung des Looses, den 13. Juli 1792 erwählt[3]. Er schloss sich ganz an das Compendium seines Oheims Beck an, das auch den Stoff zu den wöchentlichen Disputationen gab, die unter seiner Leitung bis über das Jahr 1820 hinaus stattfanden. Da er seine Collegen Herzog und Meyer überlebte, so war er eine Zeitlang der einzige Doctor der Theologie und auch der einzige ordentliche Professor in ihr. Aber um eben diese Zeit wurden neue Anstrengungen zur Reorganisation der Universität und des gesammten Schulwesens gemacht.

So ward, nachdem die Kriegsstürme, unter denen auch Basel litt, vorüber waren, im Jahr 1816 an Buxtorf's Seite berufen der bisherige Rector des Gymnasiums, Johann Friedrich Miville, geboren 30. März 1754[4]. Er war der Sohn eben jenes Chirurgen Hans Ulrich Miville, der an der Spitze der damaligen Separatisten die Schmähschrift gegen Beck verfasst, sich aber später wieder mit der Kirche ausgesöhnt hatte. Die Erlebnisse des Vaters, der sogar seiner Religionsansichten wegen mit hartem Gefängnis bestraft worden war, blieben nicht ohne Einfluss auf die Gesinnungsweise des Sohnes, die allem weltlichen und geistlichen Despotismus abhold war. Unter demselben Jak. Christ. Beck, gegen den sein Vater aufgetreten war, machte der Sohn Miville seine theologische Schule. Seine Studien vollendete er 1781 in Göttingen. Dort schloss er sich an Georg Müller von Schaffhausen, den Bruder des Geschichtschreibers, den jungen Freund Herder's und den Herausgeber von dessen Schriften, an, mit dem er bis zu dessen Tod (1819) verbunden blieb.

Miville zeigte schon frühe den Trieb, sich Andern mitzutheilen, und so suchte er auch, als er in die Vaterstadt zurückgekehrt war, den jungen Theologen das zu ersetzen, was die öffentlichen Anstalten zu wünschen übrig liessen. Schon als Pfarrer zu St. Elisabeth

---

[1] Bekanntlich wurde 1771 *Herder* dahin als Hofprediger berufen. Ob Buxtorf mit ihm zusammengetroffen, ist mir nicht bekannt.
[2] In die Kategorie dieses Lehrfaches gehören auch seine wenigen Schriften: Observationes crit. misc. in quædam auctorum græcorum loca. 1768. Theses rhetoricæ. 1773. Oratio panegyrica in I. Rod. Zwingerum, Med. Dr. atque Prof. — Das Thema seiner Inauguralrede hatte dagegen theilweise einen theologischen Charakter: de eloquentia divi Apostoli Pauli.
[3] Seine Antrittsvorlesung, die wohl nicht gedruckt worden ist (?), handelte de Studio theologico recte instituendo.
[4] *E. Kündig*, Erinnerungen an Joh. Friedr. Miville. Basel 1851. Vgl. *Hanhart's* Denkschrift. Basel 1830.

leitete er seit 1785 gemeinschaftlich mit Pfarrer Falkeisen, dem nachmaligen Antistes, homiletische und katechetische Uebungen [1] und ging schon damals mit dem Gedanken um, Vorlesungen über Homiletik und Pastoraltheologie zu halten. Seit 1814 hielt er neben Andern, die sich zu ähnlichen Leistungen freiwillig herbei liessen, exegetische Vorlesungen. Im Jahr 1816 ward er, bereits als ein Mann von höherm Alter, förmlich zum Professor der Theologie bestellt. Er schrieb eine Dissertation über die Sprachengabe (Apostelgeschichte II und I Cor. XIV), die er zu Erlangung der Doctorwürde öffentlich vertheidigte und die auch bei deutschen Exegeten der gründlichsten Schule die verdiente Beachtung gefunden hat [2]. Miville's akademische Thätigkeit war nur eine kurze. Er hatte ein verhältnissmässig ansehnliches Auditorium. Auch die ersten Zöglinge des um dieselbe Zeit gegründeten Missionsinstitutes nahmen Theil an demselben. Er las Exegese des Neuen Testamentes (abwechselnd mit cursorischer Lection), Encyklopädie, eine bis dahin in Basel nicht behandelte Disciplin [3], und Dogmatik. Seine Grundansicht war die biblisch-supranaturalistische, wie sie durch die damalige Storr-Flatt'sche Tübinger Schule oder in der Schweiz durch Antistes Hess und Georg Müller vertreten war; namentlich bekämpfte er fortwährend die Paulus'schen Wundererklärungen. Im Uebrigen wusste er die jungen Theologen mit Freundlichkeit an sich zu ziehen, so dass sein Hinschied den 15. Januar 1820 für Viele ein Tag der Trauer war. Die Behörde sah sich dadurch in neue Verlegenheit versetzt. Eine Zeitlang trat, wenigstens für die Exegese, in die Lücke M. Blumhart, Inspector des Missionshauses.

An Miville's Stelle aber wurde gewählt Emanuel Merian, ein Mann, der schon in frühern Zeiten sich einer gelehrten Thätigkeit beflissen [4], dann aber in die Stille eines Landpredigers nach Wallenburg zurückgezogen und erst später wieder eine Pfarrstelle in der Stadt (zu St. Elisabeth) angenommen hatte. Er besass unstreitig grosse Gelehrsamkeit in Sprachen, Geschichte, Mathematik und Physik, und einen nicht zu verkennenden philosophischen Scharfsinn. Was ihm aber durchaus fehlte, war die wissenschaftliche Durchbildung im deutschen Sinne des Wortes und die Methode. Er hatte, ganz und allein in Basel gebildet, sich mehr in der alten und erst später (nachdem er amtlich dazu genöthigt war) etwas in der neuern theologischen Litteratur umgesehn. Seine Philosophie erinnerte an Cartesius und Leibnitz, seine deutsche Poesie, in der er sich nach seiner Weise mit

---

[1] Auf diese freiwillige Thätigkeit von Seiten der Geistlichen wies jenes Gutachten der Facultät vom Jahr 1810 hin. Falkeisen hat auch noch später als Antistes die Studierenden in ein praktisches Kränzchen um sich versammelt.
[2] Observationes theologico-exegeticae de dono linguarum in N. T. commemorato. Bas. 1816. 4°. Vgl. Bleek in den Stud. u. Krit. 1829.
[3] Vorbereitet war sie allerdings durch Beck's Prolegomenen zu seiner Synopsis (s. oben).
[4] Eine Dissertation über die Flöte: Tibiae germanicae investigatio, die er 1790 bei der Vacanz der mathematischen Stelle öffentlich vertheidigte, wird noch jetzt von den Männern des Faches als ein dankenswerther Beitrag zur Akustik geschätzt. Die Stelle eines Prof. der Mathematik, die ihm durch's Loos zugefallen, bekleidete er bloss ein Jahr von 1790—91.

Glück versuchte (er übersetzte unter anderm die Racine'schen Stücke Athalia und Phädra in deutsche Alexandriner), an Canitz, Spreng und Drollinger, seine Prosa an Gottsched, seine Theologie an holländische und englische Vorbilder. Ein starrer Orthodox war er durchaus nicht, bei der Liebenswürdigkeit seines Charakters entfernt von jedem Zelotismus. Aber die neuere deutsche Theologie betrachtete er fortwährend mit einigem Misstrauen. Die neuere speculative Sprache, die jetzt eben anfing die Wissenschaft zu beherrschen, war ihm rein unverständlich. Zudem entbehrte auch sein Vortrag alles Anregenden und der Jugend Imponirenden. Seine Dissertation de providentia Dei, womit er sich 1820 habilitirte, ist das Einzige, was er von theologischen Schriften veröffentlicht hat, und auch diese Schrift ist wohl kaum in den Buchhandel gekommen [1]. Seine chronologischen Studien über die biblische Geschichte, im Zusammenhang mit der Weltgeschichte, wenn auch von vornherein von apologetischem Standpunkt aus unternommen, würden wohl nicht ohne Beachtung geblieben sein [2].

Es war ein kühner Gedanke von der Erziehungsbehörde, an die Seite der beiden alten Herren, Buxtorf und Merian, die auch durch äusseres Costüm noch vollkommen eine abgestorbene Zeit repräsentirten, im Jahr 1821 den Mann zu berufen, der unter den Vertretern der neuern, damals der neuesten Theologie in Deutschland einen der ersten Namen hatte, Wilhelm Martin Leberecht deWette. Es kann hier nicht unsere Aufgabe sein, ein Lebensbild dieses uns unvergesslichen Mannes und eine Charakteristik seiner Theologie zu geben. Wir haben diess, freilich in sehr ungenügender Weise, bei einem andern Anlass und an einem andern Orte versucht [3]. Einen würdigen Biographen hat er noch nicht gefunden.

Die äussere Veranlassung zu deWette's Berufung nach Basel ist bekannt genug. Ein an die Mutter des unglücklichen Karl Sand geschriebener Brief hatte deWette's Entlassung von der theologischen Lehrstelle in Berlin nach sich gezogen. Es handelte sich darum, ihn als Prediger nach Braunschweig zu berufen. Da kam Basel zuvor. Die Berufung hatte freilich ihre Schwierigkeiten. Dass der zu Berufende ein Lutheraner war, daran nahm auch nicht eine Seele Anstoss. War man doch schon längst gewohnt, auch auf den Kanzeln Basels, lutherische Prediger, namentlich Württemberger, zu hören. Besuchten doch auch die wenigen Basler, welche auswärts studirten, ohne Anstoss und mit Vorliebe die

---

[1] Die Vorsehung wird darin besonders vom Standpunkte des Concursus aufgefasst: Præcipuus Providentiæ divinæ actus in æstimatione, administratione et directione omnium causarum rerumque eventuum consistit. Demnach erscheinen dem Verfasser auch die Wunder als ein augenblickliches Eingreifen in das Räderwerk der Natur.
[2] Einen Grundriss dazu gab er in einer Dissertation 1790, als er sich für den vacanten Lehrstuhl der Geschichte meldete: Tentamen historicum persequens chronologiæ filum ab orbe condito ad Christi Salvatoris usque nativitatem. 12 S. 4°. (mit Tabellen).
[3] Leichenrede, Basel 1849, und akademische Gedächtnissrede, Leipzig 1850. Ausserdem zu vergleichen: Schenkel, W. M. L. deWette und die Bedeutung seiner Theologie für unsere Zeit, Schaffh. 1849, Lücke: Dr. W. M. L. deWette, zu freundschaftlicher Erinnerung, Hamburg 1850 und Thölden im Nekrolog der Deutschen Jahrg. 1849, S. 427 ff.

rein lutherische Universität Tübingen, weil sie damals die einzige unter ihren Schwestern war, die vom Hauche des Rationalismus unberührt geblieben. Und so war auch die unlängst gegründete Missionsanstalt unter der Leitung lutherischer Theologen. Ja, wir dürfen behaupten, dass mehrere der damaligen Basler Geistlichen in der Abendmahlslehre Luthern näher standen als Zwingli. Eine Abendmahlsgemeinschaft mit den Lutheranern bestand in unsern Kirchen faktisch, ehe in Deutschland die Union vollzogen wurde. Es war eine Union vor der Union. Was dagegen bei einem grossen Theile der Geistlichen und der Gemeinde der Berufung deWette's im Wege stand, war einmal seine weit gehende Kritik der heiligen Geschichte und des Bibelkanons überhaupt, und dann seine subjective, an Fries sich anschliessende Anschauungsweise der religiösen Dinge überhaupt, sein Streben sich das symbolisch zu deuten und in das Gebiet der Ahnung zu verweisen, was der Glaube der Christen bis dahin als Realität, als Thatsache festgehalten hatte. Wenn auch in dem kurz zuvor erschienenen »Theodor oder des Zweiflers Weihe« eine theologische Gesinnung sich aussprach, die über den vulgären Rationalismus von Paulus, Röhr und Wegscheider weit hinausstrebte, ja in denen viele Rationalisten der damaligen Zeit einen Rückschritt zur alten Orthodoxie oder einen verderblichen Mysticismus erkennen wollten, so war es doch nicht der Glaube, den man in Basel und anderwärts den rein evangelischen, d. h. den der Bibelautorität ohne alle philosophisch-historische Vermittlung sich unterwerfenden Glauben nannte. Zu diesen gewiss achtungswerthen religiösen Bedenklichkeiten mochten sich bei Andern noch die politischen gesellen, die Furcht vor Verantwortlichkeit gegen die auswärtigen Mächte. Diese letztere Befürchtung wurde jedoch durch die überaus friedliche, politisch unverdächtige, ja entschieden conservative Haltung deWette's bald beseitigt. Nicht so bald die religiöse. Zwar hatte schon deWette's erste Predigt um Pfingsten 1822 »über die Prüfung der Geister« ihm manche Herzen gewonnen [1]. Dass der in Basel hoch verehrte Vinet [2], damals Professor der französischen Litteratur, sie in's Französische übersetzte, machte ihr auch bei den Frommen Credit. Auch in den akademischen Vorlesungen trat der sittlich-religiöse Ernst des Mannes und seine dem flachen Rationalismus entgegenstehende Gemüthstiefe immer mehr zu Tage. Aber vergessen waren darum seine kritischen Urtheile über den Kanon nicht, und weit entfernt, dass er solche zurückgenommen hätte, bekannte er sich frei und offen zu ihnen auch in den spätern Ausgaben seiner Einleitung in's Alte und Neue Testament, wenn er auch bei fortgeschrittener Erkenntniss das Eine oder Andere modificirte. Auch die früher geschriebene Dissertation: de morte Christi immolatoria, die in der Sammlung seiner kleinern Werke aufs Neue abgedruckt

---

[1] Vgl. meine Gedächtnissrede S. 87.
[2] *Alexander Vinet*, später Prof. der Theol. in Lausanne, gehörte zwar nicht zur theologischen Facultät Basels. Indessen hat er die Lehrthätigkeit der Theologen vielfach unterstützt durch seine Vorträge über die französischen Kanzelredner und durch seine öffentlichen Vorlesungen. Bei seinem Weggange aus Basel hat ihn die Facultät mit dem theologischen Doctorgrad beehrt.

wurde, ward sogar von den Gegnern den Laien zu lieb in's Deutsche übertragen und in gewissen Kreisen mit Geschäftigkeit herumgeboten, damit der Stoff zu Verdächtigungen nicht ausgehe. An einzelnen oft plumpen Angriffen fehlte es auch nicht; dafür entschädigte aber den Gekränkten die hohe Achtung, die er bei den Erziehungsbehörden, bei seinen Collegen, bei weitaus dem grössten Theil der Studierenden und bei Vielen aus der gebildeten Bürgerschaft genoss.

Für deWette war es eine schwere Probe der Selbstverleugnung, aus einem akademischen Wirkungskreis, wie er solchen an der Seite Schleiermacher's, Neander's, Marheineke's in Berlin gehabt, an einer kleinern Universität zu lehren, deren Fortbestand von Vielen noch immer in Frage gestellt wurde und deren durchgreifende Umgestaltung oft länger, als er gehofft hatte, auf sich warten liess. Mit bewundernswürdiger Resignation und Standhaftigkeit unterzog er sich der Aufgabe, die Universität im Ganzen und die theologische Facultät im Einzelnen auf die Höhe zu heben, die sie erreichen musste, wenn sie Schritt mit der Zeit halten wollte. Vor allen Dingen machte er der übel eingerissenen Gewohnheit ein Ende, eine Vorlesung aus dem einen Semester in das andere hinüber zu schleppen; er absolvirte mit jener Meisterschaft, die er auch in seinen Lehrbüchern und Compendien bewährt hat, die im Kataloge angekündigten Vorlesungen in dem angegebenen Zeitraum, und wusste stets die rechte Mitte zu halten zwischen oberflächlicher Kürze und unbehülflicher Weitschweifigkeit. Er hielt es nicht unter seiner Würde, die Schwächern seiner Zuhörer in's Hebräische einzuführen, weil er die biblische Philologie mit Recht für die Grundlage der Exegese und diese wieder für die Grundlage der evangelischen Theologie hielt. Später konnte er diese Arbeit einem jüngern Docenten überlassen. Er ruhte auch nicht, bis die theologischen Hauptfächer, namentlich auch die Kirchengeschichte, für die noch immer kein eigener Lehrstuhl errichtet war, ihre Vertreter erhielten. Für die letztere zog er (als der Versuch, Ullmann nach Basel zu ziehen, aufgegeben werden musste[1]) ebenfalls einen jüngern Docenten, einen Schüler Schleiermacher's und Neander's, heran, der nachher viele Jahre das Glück hatte, ihm als College zur Seite zu stehen und der am Gedächtnisstage der Universität auch seiner in dankbarer Erinnerung gedenkt. Fast alle übrigen Fächer des reichen theologischen Gebietes versah er selbst, der, wie einmal gesagt wurde, eine ganze Facultät in sich vereinigte. Er las alt- und neutestamentliche Exegese, Einleitung in's Alte und Neue Testament, biblische Geschichte und Archäologie, Dogmatik (biblische und kirchliche) und Ethik, auch einigemale praktische Theologie, namentlich Homiletik. Ueberdiess veranstaltete er homiletische Uebungen, und als er bemerkte, dass es den meisten Studenten an Uebung im Vortrag fehle, liess er sich zur Leitung declamatorischer Uebungen herbei. Häufig bestieg er selbst die Kanzel, theils um mit der Gemeinde sich über seine theologischen Ueber-

[1] Die damals eben erschienene Schrift Ullmann's über den 2. Brief Petri (Heidelb. 1821) hatte die Ueberängstlichen, die schon an deWette's Kritik genug hatten, bedenklich gemacht! —

zeugungen aus einander zu setzen (was ihm nicht immer gelingen wollte), theils um den Studierenden ein Vorbild zu geben eines würdigen, Klarheit und Tiefe der Gedanken mit klassischer Diction verbindenden Kanzelvortrages. Der Studierenden, auch der ökonomisch Bedürftigen, nahm er sich mit grosser, wahrhaft väterlicher Liebe an. Die Bewohner des sogenannten Alumneums¹ wurden eine Zeitlang unter seine besondere Aufsicht gestellt, indem er mit dem Ephorat betraut wurde. Auch auf die Prüfungen der Candidaten übte er einen heilsamen Einfluss. Er rief eine neue, zweckmässige Prüfungsordnung in's Dasein. Längere Zeit beschäftigte ihn der Gedanke, den er auch theilweise ausführte, die Candidaten in ein theologisches Seminar zu vereinigen und sie dadurch wissenschaftlich in Athem zu erhalten. Wie durch seine Predigten, so suchte er, und zwar gleich von Beginn seines Lehramtes an, durch Vorlesungen, die er vor einem grössern gemischten Publicum (erst über die Sittenlehre, dann über das Wesen der Religion) hielt, auch weiter nach aussen zu wirken. Ueberhaupt zeigte sich deWette nicht nur als Mann der Wissenschaft im umfassendsten Sinne des Wortes (nichts blieb ihm ganz fremd), sondern auch als Mann der Kirche, doch nicht in dem Sinne, in dem jetzt das Wort so oft verstanden wird. Fern von allen hierarchischen und hochkirchlichen Tendenzen, weder dem Cäsaropapismus, noch der Lehre von einer gänzlichen Trennung von Staat und Kirche zugethan, suchte er vielmehr der Kirche eine möglichst liberale Repräsentation innerhalb des Staats- und Volkslebens zu geben. Vielfach beschäftigte ihn der Gedanke an eine Synode, aber auch da war er mit seinen Vorschlägen nicht glücklich. — Das Schicksal der Protestanten im Auslande lag ihm sehr am Herzen. Als im Jahr 1826 die Errichtung eines theologischen Seminars für Nordamerika in Anregung gebracht wurde, schrieb er eine kleine Schrift, worin er das Unternehmen empfahl. In der Zeit der griechischen Erhebung stiftete er mit Männern der sogenannten pietistischen Richtung eine Anstalt für junge Griechen, die aus der türkischen Gefangenschaft befreit, christlich erzogen und zu künftigen Bürgern, wo möglich zu Lehrern ihres Vaterlandes herangezogen werden sollten. Später (1844) war er es besonders, der der Sache des Gustav-Adolf-Vereins auch in der Schweiz Freunde zu gewinnen suchte. Der jetzt noch im Segen wirkende protestantisch-kirchliche Hülfsverein der Schweiz verdankt ihm grossentheils seinen Ursprung.

---

¹ Das *Alumneum* (Collegium Erasmianum genannt), in dem Augustinerkloster, wurde gleich nach der Reformation gestiftet. Die ersten Spuren desselben finden wir 1533. Es war ein Convict, das unter Leitung eines Propstes (Præpositus) stand mit allerlei klösterlichen Formen. Zu Anfang des 17. Jahrhunderts (1601) und dann wieder zu Anfang des 18ten wurde es mit wohlthätigen Stiftungen bedacht und 1717 mit einer kleinen Bibliothek beschenkt (s. Lutz a. a. O. S. 104, 174 ff.). Mit Anfang dieses Jahrhunderts hörte der gemeinschaftliche Freitisch auf und die Alumnen erhielten ein Beneficium in Geld. Das Institut war äusserlich und innerlich zerfallen. Noch zu Lebzeiten deWette's ward es 1835 aufgehoben. Im Jahr 1844 wurde aus freiwilligen Beiträgen ein neues Alumneum gegründet, und zwar ausschliesslich für Theologen. Dieses besteht gegenwärtig unter der Leitung eines ältern Geistlichen und unter Aufsicht einer aus Freunden der Kirche und der theol. Wissenschaft bestehenden Commission. Vgl. die im Jahr 1854 veröffentlichte Denkschrift.

So viel auch deWette in seinem nächsten Kreise wirkte, so unermüdlich liess er das Licht seiner Wissenschaft auch in die Ferne leuchten. Nicht nur legte er zu wiederholten malen an seine schon früher erschienenen Werke die nachbessernde Hand, so dass eine Auflage der andern folgte, sondern auch ein grosser Theil der Werke, die seinen Ruhm noch weiter in Deutschland und in ganz Europa begründet haben, sind in Basel geschrieben und zum Theil auch hier gedruckt. Wir erinnern nur an die grosse Sammlung der Briefe Luther's und an das exegetische Handbuch über das Neue Testament.

Es ist nicht zu viel gesagt, wenn wir behaupten, dass die theologische Facultät, durch ihn wieder hergestellt, den europäischen Ruf auf's Neue gewonnen hat, den sie für längere Zeit eingebüsst. Wie viele Gelehrte haben ihn auf ihren Reisen besucht, wie viele Studierende haben seiner Empfehlung die günstige Aufnahme verdankt, die sie auswärts gefunden! Auch solche Theologen, die jetzt auf deutschen Universitäten lehren und in der deutschen theologischen Litteratur eine ruhmvolle Stellung einnehmen, haben in Basel zu seinen Füssen gesessen; der frühern Berliner Schüler nicht zu gedenken.

Mehr als einmal stand es Basel nah, deWette wieder zu verlieren. An Berufungen fehlte es ihm nicht, das einemal nach Hamburg (als Prediger), das andere mal nach Jena (als Professor). Beide schlug er aus, aus treuer Anhänglichkeit an die Stadt, die ihm zur zweiten Vaterstadt geworden war.

Die Stimme seiner Gegner verstummte zwar nie ganz; aber deWette liess sich nie zu unwürdiger Polemik hinreissen. Er trat sogar zu kirchlich gemeinnützigen Zwecken mit Männern in Vereine zusammen, deren theologische Richtung der seinigen entgegenstand, deren praktische religiöse Gesinnung er aber zu schätzen wusste. Als eine Anzahl gleich gesinnter Freunde sich zusammen thaten, auf ihre eigenen Kosten eine theologische Lehrstelle zu gründen, welche, in mehr oder minder ausgesprochenem Gegensatz zu deWette, die streng bibelgläubige Orthodoxie vertreten sollte, so war er weit entfernt, diess Übel zu empfinden; er freute sich aufrichtig der Vermehrung der Lehrkräfte und trat zu den ihm gegenüber Gestellten in ein solches Verhältniss, als wären sie ihm einfach zur Seite gestellt. So kam es, dass allmählig auch Viele von denen, die den Mann anfänglich mit Misstrauen betrachtet hatten, ihm mehr und mehr ihre Achtung zuwandten.

Es ist schwer zu sagen, wie weit deWette selbst unter dem Einflusse des in Basel vorherrschenden religiösen Geistes seine frühern Ansichten modificirt habe. Diese Modification war, wo und so weit sie stattgefunden, eben so sehr bedingt durch den Gang der theologischen Wissenschaft überhaupt, als durch die grössere Reife der Erfahrung; denn deWette lernte noch bis in's Alter und schämte sich nicht, von Jüngern in einer Weise Belehrung entgegen zu nehmen, die wahrhaft rührend genannt werden kann. Uebrigens blieb er seiner Hauptrichtung getreu, und so entschieden er sich der negativen und destructiven Kritik gegenüber, wie sie mit Strauss aufgetreten war, entgegen setzte, und namentlich die Wühlereien bekämpfte, wie sie in Verbindung mit politischen Tendenzen auch in die Kirche einzudringen suchten [1], eben so offen sprach er sich mit unverhaltenem Schmerz aus über die schon zu seiner Zeit hereinbrechende, seither in's Colossale gewachsene Reaction, auf dem Gebiete der Theologie. Dass es ihm nicht gegeben war, mit seinem versöhnenden Worte durch das Parteigelärme hindurchzudringen, hat er oft mit Wehmuth in vertrauten Gesprächen bedauert und in einem nicht für die Oeffentlichkeit bestimmten Gedichte ausgesprochen [2].

Nachdem er die Jubelfeier seiner fünfundzwanzigjährigen akademischen Thätigkeit unter uns, im Mai des Jahres 1847 [3] gefeiert, starb er nach kurzem Krankenlager den 16. Juni 1849.

Wollten wir uns in Spiele des Witzes einlassen, so könnten wir deWette mit den frühern Theologen unserer Hochschule vergleichen, wie sie diese Darstellung in kurzen Umrissen zu geben versucht hat, und etwa sagen, er habe die Gelehrsamkeit der Grynäen und Buxtorfe, den systematischen Geist eines Polansdorf und Wulleb, den kritischen Scharfsinn und die kritische Kühnheit eines J. J. Wettstein zu vereinigen gewusst mit der Milde und Bescheidenheit eines Samuel Werenfels. Doch, wozu solche Vergleichungen? Jeder wirkt nach der Gabe, die ihm gegeben ist. Jeder steht und fällt seinem Herrn. Was Menschliches und Unvollkommenes an den Einen wie an den Andern war, das gehört der Vergangenheit. Des Schönen, Wahren und Guten aber, das ihnen zu fördern gelungen ist, dessen freuet sich heute die Gegenwart, im hoffnungsreichen Ausblick auf die kommenden Tage.

Eine Schule im strengen Sinne des Wortes hat deWette nicht hinterlassen, aber Lehrer hat er in beträchtlicher Anzahl herangebildet für Kirche und Schule, für das Inland und Ausland, und mancher dankbare Schüler gedenkt wohl seiner mit gedoppelter Liebe in einer Zeit, die ihre Wohlthäter so bald vergisst. Will es auch manchmal scheinen, als seien nach dem kurzen Zeitraum von zehn Jahren die Spuren seiner Thätigkeit bereits am Erlöschen, so geben wir darum doch die Hoffnung nicht auf, es werde eine gründliche, schriftgemässe, eben so glaubensfreudige als lebensfrische Theologie, wie er sie nach bester Einsicht und nach dem Maas seiner Kräfte zu gründen bemüht war, noch lange Zeit die bescheidene Zierde und das unverrückte Ziel unserer theologischen Schule bleiben.

[1] Man erinnere sich an sein Auftreten gegen *Rupp* in der Sache des Vereins der Gustav-Adolf-Stiftung.
[2] „Ich fiel in eine wirre Zeit,
Die Glaubenseintracht war vernichtet.
Ich mischte mich mit in den Streit,
Umsonst, ich hab' ihn nicht geschlichtet." (Beilage zur Gedächtnissrede S. 113.)
[3] Vgl. Kirchenblatt für die reformirte Schweiz 1847. No. 11.

BEILAGE I.

Die Familie der Zwinger

stammt aus dem Thurgau. Der ursprüngliche Name derselben war Speiser. Ein Johann Speiser, mit dem Zunamen Zwinger, übte die weltliche Herrschaft im Bisthum Constanz (1452); ein Jakob Speiser ward 1492 von Kaiser Maximilian I. seiner Verdienste wegen in den Adelstand erhoben. Diess hinderte jedoch nicht, dass dessen Sohn Leonhard, ein Bruder von 8 Geschwistern, sich dem Kürschnerberuf widmete. Dieser Kürschner Leonhard Zwinger aus Bischoffzell erhielt 1526 das Bürgerrecht von Basel. Seine Frau war Christina Herbster, die Tochter jenes Malers, Johannes Herbster, der nach der Reformation seinem Berufe entsagte, angeblich weil das Verfertigen von Bildern sich mit seinem strengen reformatorischen Sinn nicht mehr vertrug [1], und eine Schwester des berühmten Buchdruckers und Professors Johannes Herbster (Oporinus). Aus dieser Ehe stammte der Erste des Basler-Gelehrtengeschlechtes der Zwinger, Theodor Zwinger, Medicus, [2] der Aeltere. Er wurde geboren in Basel 1533. Schon im fünften Jahr verlor er seinen Vater, und so leiteten nun sein Oheim, Oporin und später sein Stiefvater Conrad Lykusthenes (Wolfhart), (vgl. über ihn Athen. raur. p. 256) die Erziehung des Knaben. Dieser ward in Gemeinschaft mit Basilius Amerbach der trefflichen Schule Thomas Plater's übergeben. Er war ein hübscher Junge und spielte in einem Schulschauspiele die Rolle des Cupido zu grossem Ergötzen der Zuschauer. Seit 1548 besuchte er die öffentlichen Vorlesungen der Basler Hochschule. Dann begab er sich auf Reisen, hielt sich zwei Jahre in Lyon und zwei in Paris auf, wo er den Petrus Ramus hörte. (Als dieser später als Flüchtling nach Basel kam, hatte er sich einer freundlichen Aufnahme Zwinger's zu erfreuen). Nur auf kurze Zeit kehrte Zwinger 1553 in seine Vaterstadt zurück, um dann eine Reise nach Italien anzutreten. In Padua erlangte er den medicinischen Doctorgrad. Nach Basel zurückgekehrt, verheirathete er sich mit Valeria Rüdin, einer verwittweten Iselin. Neben seiner Medicin und der Philosophie schenkte er indessen auch der Theologie, namentlich dem Studium der heil. Schrift seine Aufmerksamkeit. Wir besitzen sogar von ihm einen Commentar über die Psalmen (Psalmorum Davidis Analyses. Bas. 1599. fol.) Auch fand er von seinem protestantischen Gewissen aus sich angeregt, an den noch immer andauernden Kämpfen wider das Papstthum theil zu nehmen. 1565 ward er Professor der griechischen Sprache, 1571 der Ethik und erst 1580 der Medicin. Seine Humanität gegen Nothleidende

---

[1] Ochs V. S. 660.

[2] Jedoch erscheinen auch schon unter den *Speisern* der frühern Zeit ein *Pelagius Speiser* von Bischoffzell als Magister Heidelbergensis und als Decan der phil. Facultät 1464 u. 65, und ein Doctor *Johannes* 1511.

und namentlich gegen die Dürftigen war so gross, dass er bei seinem praktischen ärztlichen Berufe ökonomisch mehr aufopferte, als gewann. Auch seine Kirchlichkkeit und Frömmigkeit wird gerühmt. Nicht nur besuchte er fleissig den öffentlichen Gottesdienst, sondern leitete auch als Familienvater die Hausandachten, deren Mittelpunkt die heil. Schrift bildete. Er starb den 10. März 1588 an der Pest. Sein Sohn Jakob Zwinger, der Vater unsres Theologen (geb. 1569) war gleichfalls Mediciner, zugleich aber Professor der griechischen Sprache. Bei Anwesenheit des Laudgrafen Moritz von Hessen hielt er eine Rede: quomodo philosophandum sit principi. Er starb 1610. (Vgl. Athen. raur. p. 362 ff.).

Eine reiche Sammlung von Briefen an die verschiedenen Zwinger, (in der Bibliothek des Frey-Grynäischen Institutes) lässt uns Blicke thun in die vielfachen Verbindungen mit den gelehrtesten Männern ihrer Zeit.

Aus dem Geschlechte der Zwinger sind in der Folge mehrere Gelehrte, theils Theologen, theils Mediciner hervorgegangen, unter den letztern Joh. Rud. Zwinger († 1757), den J. R. Buxtorf (1778) in einer Rede gefeiert. Jetzt ist das Geschlecht ausgestorben. Der letzte war unsers Wissens Dav. Zwinger, Leutpriester in Liestal † 1805.

BEILAGE II.

a.

Theodor Zwinger an Philipp Pareus in Heidelberg.

(Vom 1. Juni 1644): [1]

Gratulatus es insuper mihi de ἀριστολαυία in Ecclesiam nostram inversa. De ea vero Ecclesiæ nostræ universæ cum omnibus bonis sibi ipsis gratulantur, qnod, quæ seculo integro et amplius per temporum injuriam obtineri nequiverunt, alto omnium consensu utriusque ordinis tum ecclesiastici tum politici ὁμονοία tandem divina adjuti gratia obtinuerimus, ut macula nunc sit erasa, quæ non solum nostram, sed et per nostram ecclesias alias reformatas tanquam συνωδυνούσας nubiscum formaverat; sicut autem *καληγορηκία* hæc in Palatinatu vestro Anno 1561 excitavit crabrones et furias infantiles, ita nunc quoque nobis, imprimis mihi accidit, qui Silberdienensibus [?] factus sum *ἀρμόιοϛ ἀντιλεγόμενον*, imprimis decantato scurræ, qui sub velamine Theodori Antirogentii [2] famoso edito in lingua vernacula libello, quæ potuit in me convitia et scommata impuro ore evomuit, imprimis quod suas contra meam de S. Cœna declarationem (quam cum aliis meditationibus meis tecum communico) a me neglectas et protritas animadverteret. Dici non potest, quantum vicinos illos Matæologos usserit et momorderit Reformatio nostra. Lt hinc eorum odia, iræ et clamores hactenus in diem accroverint, qui ferre nequeunt, sibi umbonem o manibus excussum, sub cujus umbra cuntra Ecclesias alias orthodoxas fermenta vetera antichristiana tueri et propugnare consueverant.

---
[1] Aus der Zwinger'schen Briefsammlung in der Frey-Grynäischen Bibliothek. Ms. III. 15. 4°.
[2] Anti-Zwingers. Ich habe dieses Pamphlet nicht erhalten können.

Dass Theodor Zwinger bei dieser Stimmung zurückhaltend gegen irenische und unionistische Bestrebungen war, und nur mit Vorsicht sich einliess, lässt sich leicht erachten. So schreibt er unterm 16. Februar 1648 an Irminger in Zürich und die dortige Geistlichkeit (bei Anlass des von Hotto herausgegebeo Irenicums (1647): Cæterum quod Hottoni Irenicum attinet, idem de eo judicium ferimus, quod ante aliquod annos de D. Duræi τῆ Εἰρηνοποιΐα... Paucis ita sentimus 1. animum et scopum D. Hottoni nos exosculari 2. modum, quo usus (est) cautiorem esse potuisse. Irenica antequam vulgentur in publicum hoc tempore existimamus esse prius maturo deliberanda, cum ecclesiis illis, quibus Communio Sanctorum intercedit, communicanda, et communi potius consilio, quam privato instinctu tractanda; nec demum fœtu jam excluso ecclesias alias, nostras præsertim ad novam aliquam obstetricationem arcessendas. Novimus Lutheromanitarum ingenium. Irenica talia, nisi publica autoritate edantur et muniantur, sunt pabula petulantis ipsorum maledicentiæ. Scimus quale fatum habuerit Irenicum illud Puræi, quam sceptice Duræus, qui fasces veluti Lutheranis submisit, ab iisdem fuit tractatus! Quam mercedem nostri Heroes olim ex colloquio Marpurgensi urgentes caritatem fraternam retulerint, toti orbi compertum. — Aehnlich spricht er sich auch in mehrern andern Briefen aus. —

b.
Theodor Zwinger an Irminger in Zürich.
(Unterm 17/24 Mai 1649:) [1]

... Literæ Parisiensium, quas antehac accepimus, exiguam mihi spem concitarunt de magnis ipsorum ad reprimendos Novatorum motus conatibus. Ac videtur ἑτεροδοξία illa gangrænæ instar serpere et novas subinde vires accipere, acquirere. Vidistis procul dubio, quæ a Clariss. Dom. Mobiano [?] postremum contra Amyraldj et Testardi [2] νεαντιώματα in publicum prodierunt, ex quibus satis claret, quantum nova eorum methodus aut potuis μεϑοδεία tendat, et quam pestiferos ea secum trahat errores, ut nisi ipsorum machinationibus intercedatur, gravissimum schisma Ecclesiarum Gallicarum sit pertimescendum. Orandus Deus, nobisque ὁμοϑυμαδὸν elaborandum, ne ecclesia nostra fermento illo inficiatur.

Dieselben Klagen wiederholen sich in den weiter folgenden Briefen fast in denselben stereotypen Ausdrücken. Besonders scheint ihn aber auch die französische Arroganz jener Theologen verdrossen zu haben. Er schreibt u. a. an Stucki in Zürich (20. Oct. 1647) Audio istos homines, qui se ex Jovis cerebro prodiisse somniant, nos Germanos habere instar fatuorum, et sua grandiloquentia contemnere et fastidire nostram balbutiem . . und treffend bemerkt er dann (in Beziehung auf die Reformation Frankreichs): Omnia mihi sunt magnorum malorum, Ecclesiis gallicis impendentium. Anglorum fato sapere deberent, sed pax Ecclesiæ in Gallia semper fuit periculosa. Persecutiones plus eis profecerunt, quam halcyonia et constans tranquillitas. — In Beziehung auf die vaterländische Kirche heisst es dann weiter charakteristisch für seine theologische Denkweise: Nos manemus intra metam et cancellos confessionum nostrarum, in pietate,

---
[1] Ebenda.
[2] Paul Tétard, Prediger in Blois, Schüler Camero's, trat für Amyraut auf in seiner Synopsis doctrina de natura et gratia. S. Schweizer, Centraldogmen II. S. 272.

veritate, simplicitate, pace, concordia. Ut Deus nobis Ecclesiis et Politiis nostris benedicat. Ecclesiarum nostrarum ut ὀρϑοδοξία ita constans ὁμοφωνία admirationi fuit hactenus aliis Ecclesiis. Hoc decus retineamus, tueamur et caveamus, ne ulla quacunque ratione nos implicemur et inducamur in Syrteis peregrinarum dissensionum. (Bei diesem Anlass übersendet er die neue Ausgabe der Basler Confession, die zu wöchentlichen Disputationen eingerichtet war.)

BEILAGE III.

Aus Antistes Dr. Gernlers Jubelrede,

bei der 2. Säcularfeier der Universität.

Nachdem der Redner etwas weit ausgeholt von der alten Geschichte der Römer u. s. w. fasst er endlich auf dem heimathlichen Boden Fuss. Einen Hauptvorzug erblickt er darin, dass Basels Söhne hinfort nicht fremde Weisheit suchen müssten, sondern an der Mutterbrust sich satt trinken könnten:

Noluit benigna Mater Basilea, filios, noluit Cives suos alieno nutriri doctrinæ lacte: noluit, ut a cura sua sinuque abstracti, impendio magno, vicarias quærerent matres, ex quibus succum traherent religionis, sapientiæ, pietatis: ne forte, ubi adolevissent, alternante vice affectu, in Rempublicam æque nutricem, atque in patriam propenderent: sed eos sibi soli vindicataras, alios attractura, velut æterno quodam læta puerperio, ubera sua divinæ humanæque sapientiæ distenta musto dimittere et porrigere cepit.

Sodann schildert er in rednerischer Weise die zu einer Universität günstige Lage der Stadt: Ipsa invitabat urbis ratio, ingeniumque loci, quo non alia urbs aptior litterarum otio videbatur. Basileæ enim ea commoditas est, ut in ipsis Galliæ, Italiæ et Germaniæ sita colliminio; humanitatis et virtutis commercium affectare cum omnibus videatur. Rheno insuper, qui mediam interlabitur, irriguo, torrentibus tribus stipata, importandi quæcunque exportandique occasiones habet. Sufficit ei annonæ proventus vicina Sequanorum et Tribocorum tellus, si quando nativis ipsa opibus destituitur. Rarum destituitur. Solum nacta, quale Valentiniani Robur et Olivonis meruit castrum, lætum et fœcundum, cuique cum Cerere et annona perennis gratia. Turres conscende Basilicæ nostræ: quæ subjecta facies? cujus frontem animumque non explicet ista tam grata varietas? Ibi hortos videas floribus halantes, hic pecudes in silvis errantes et pascuis, ibi prata ridentia et pomaria et arbusta, apum examinibus læta; hic colles vitibus amictos et arva subacta et fœtos seminibus agros, campestres, collinos, montanos, nunquam recusantes imperium cultoris, u. s. w.

Nun folgt die Geschichte der Stiftung, (wobei zurückgegangen wird bis auf die Zeiten des Basler Concils und den Aufenthalt des Aeneas Sylvius daselbst,) nebst der Geschichte der Einweihung. Daran schliesst sich in kurzen Zügen die Buchdrucker- und Gelehrtengeschichte und die Geschichte der Reformation. Dass durch letztere die Universität nicht zu Grunde gegangen, druckt der Redner in den Worten aus:

Non fuit infelix Academiae fatum. Cadere necesse est, quae cum gloria resurgere debent, nec reflorescunt nisi quae prius, sole multo tostae exaruere stirpes, nec quicquam e terra succrescit nisi cujus semen illa suo in sinu mollierit putrefactum. Cecidit Academia, non periit; deserta jacuit, non neglecta; colorem non sanguinem perdidit.

Endlich die Geschichte der Universität bis auf seine Zeit, unter Erwähnung der frommen Stiftungen, der Bibliothek u. s. w.; dann ein Gebet und eine Anrede an die versammelten Behörden. Die Rede schliesst mit den pathetischen Worten:

Tu denique, Academia, alma mater, in id curas deinceps tuas omnes intende, ut seculo, litteris et virtuti tam amico, virtutem secteris, litterarum dote indies augescas, vero virtutis ac sapientiae callo pedem promoveas in gloriae et felicitatis solidae Templum. Accingitor fortitudine Seculo novo et armator contra vitia seculi. Hic tibi Rhodus, hic saltes. Sic dignam te praestabis Optimi Magistratus gratia. Sic te Deus dextera sua confortabit et indulgebit benedictionem Israel. Sic *te semper bona pax amabit et te semper amantibus cedent omnia recte*. Sic Basileam tuam, non a rege terreno, a quo libera est, denominatam vero regiam Urbem Βασιλέως Magni Civitatem praestabis. Sic illa gloriabitur tecum, sic tu in illa, pia, felix, inclyta stabis, florebis, perennabis.

BEILAGE IV.

Maresius an Johann Zwinger.[1]

(Untarm 27. Nov. 7. Dec.) 1669 aus Gröningen.)

Universalismus nullos in nostra Belgia patronos habet, nisi in quantum per Philosophiam novam via panditur nova ad Pelagianismum. . . . Nihil ea a longo tempore vidi insulsius aut quod minus solidum doceat Theologum. Non possum dicere quantum terroris incusserit nostris Cartesianis, qui se filios lucis audent vocitare, fortissimae vestrae gentis decretum saluberrimum. Morbus endemicus et specialis illi uni urbi, Leydam miro affligit, pluribus Pastoribus et Professoribus sublatis, adeo ut Academia clausa sit; nostra vero admodum floret.

Dann meldet er ¹⁵/₂₁ März 1670:

Habeo sub praelo tractatum de abusu Philosophiae Cartesianae in theologicis, in quo grandia mysteria iniquitatis detego. — Er übersendet sodann die Schrift ⅔ März 1671 und klagt über das Umsichgreifen des Cartesianismus. Ita novaturiunt hic ingenia, ut nisi adsit Deus ἀπὸ μηχανῆς brevi omnis Orthodoxia apud nos extinguetur. — Dagegen spricht er die Hoffnung aus: In vestris Helveticis scholis et Ecclesiis spero fore propugnaculum veritatis contra tot novationes, quas nostratia Belgica ingenia procudunt in dies. Deus O. M. vestris sanctis et piis laboribus affatim benedicat.

---

[1] Aus der Zwinger'schen Briefsammlung.

BEILAGE V.

Zinzendorfs Nachruf an S. Werenfels.

Das Gedicht, das in einem alten Druck vor uns liegt, führt die Aufschrift: „Dem hochehrwürdigen und seligen Manne D. Samuel Werenfels, weyland Summo Theologo zu Basel; sahe ein ein wenig betrübt nach und zeugete hey seinem Grabe von der Stelle, die dem Lamme in der Theologie gehört   Ludwig von Zinzendorff,
Fratrum Episcopus."

Albert Knapp hat dieses Gedicht, jedoch gerade mit Weglassung der für Werenfels charakteristischen Strophen (so namentlich der ersten und letzten) und auch sonst mit bedeutenden Veränderungen mitgetheilt in seiner Ausgabe der geistlichen Gedichte des Grafen (Stuttg. 1845) Er beginnt gleich mit der zweiten Strophe

„Lamm, du unschuldiges Gotteslamm." --

In dieser Gestalt scheint es auch ein Gemeindelied geworden zu sein. Wir theilen nun von den 23 Strophen, aus denen das Gedicht besteht, gerade die unsern Werenfels speciell betreffenden Stellen mit:

Strophe 1.
„Wo ist des grossen Gamaliels
Des Doctor Samuel Werenfels
Abgelegte Hülle?
Wo ruht's Gebeine?
Sagt mir's, damit ich noch drüber weine,
Vor seinem Volk!

Strophe 5.
„Werenfels gehet, und Osterwald
(Munter und freudig) wird gleichwohl alt;
Wenn nun der auch hingeht,
Wo sind die Alten,
Die über'm Lamm noch steif gehalten?
Kyrieleis.

Strophe 6 — 8.
„Dreissig Jahr hat dich mein Herz gekennt,
Zwanzig Jahr hab ich dich treu genennt,
Treu in deinem Theile,
Du Greis voll Ehre,
Sel'ger Beschauer der Sünderheere
Um's Lamm herum.

Mayer, der alte Herr Mayer dort,
Der zu Schaffhausen bedient das Wort,
Machte mir doch Freude,
Als ich ihn hörte,
Wie er mein Lämmlein (mein Alles) ehrte
Und sein Verdienst.

Das ist die Lehr unsers Samuels,
Kennt ihr ihn nicht, sprach er, den Werenfels?
Ja, dem Lamm zum Preise,
Ich kann es sagen:
Wir haben nun erst vor wenig Tagen
Vom Lamm geredt.

Strophe 23. (Schlussstrophe.)

„Basel, du Schul' der Verständigen,
Willst du Gott Seelen behändigen
Deut' den künftigen Farell'n
Und Werenfelsis
Das Deo Gloria in excelsis
Auf Gott im Fleisch."

(Etwas verändert findet sich diese Strophe auch bei Spangenberg u. a. O.)

BEILAGE VI.

Werenfels an Osterwald.

(Seine Demission betreffend.) [1]

Nescis quam parum capaci sim ingenio, quamque parum aptus sim ad plura alicuius momenti simul peragenda, quam parum versabile sit ingenium meum, quantaque cum difficultate ab alio ad aliud transsiliat. Ita sum natura factus, ut de re alicujus momenti cogitare nequeam, quin de ea omni mentis contentione cogitem: quo fit, ut rei cuilibet, quæ mihi cordi sit, ita sim intentus, itaque penitus in ea defixus, ut non modo eodem tempore de alia re cogitare nequeam, sed etiam ut difficillimum mihi sit animum a re, cui iutentus sum avertere atque ad aliud applicare.

Aus dieser Geisteseigenthümlichkeit leitet W. nun die Nothwendigkeit ab, dem Wichtigsten (der Sorge für das Heil seiner Seele) ausschliesslich obzuliegen. Von da aus verbreitet er sich dann über die Verpflichtung eines christlichen Lehrers mit seinem ganzen Herzen und Leben zu seinen Ueberzeugungen zu stehen:

Discipulos Christi recte docere non est, iis doctrinam ejus nude proponere et explicare, sed præcipuum est, eos de ejus veritate persuadere, id quod nunquam consequeremur, nisi vita, nisi omnia dicta nostra et facta, nisi ipsa vox vultusque perpetuo monstrent, nos ipsos de omnibus quæ docemus, plene esse persuasos. Eximia certe vitæ sanctitas in Doctore conspici debet, ut discipulis, quicquid dicit, videatur et animo dicere. — Præcipuum vero requisitum Doctoris Theologi credo esse amorem Dei Zelumque pro ejus gloria. Hic nisi nos stimulet perpetuo ad agenda et dicenda, quæcunque in discipulorum gratiam agimus et dicimus, puri puti Agyrtæ sumus et histriones, et nunquam agimus, quin tales aliis quoque videamur.

Aut vehementer fallor, aut una ex præcipuis caussis quod pleraque quæ ex suggestibus et cathedris audiuntur, tam parum efficaciæ et ædificationis habeant, hæc est, quod plerumque auditores vident et sentiunt, non seriam rem hic agi, Zelumque Dei in his omnibus nullas partes habere. Quod si Ministri Ecclesiæ et Doctores omnes suas lectiones et disputationes, pene dixeram etiam conciones in integrum annum suspenderent totumque hunc annum suæ quisque conversioni et sanctificationi unice et serio impenderent, forte Ecclesia Jesu Christi ex hoc longe plus utilitatis caperet, quam capiet ex omnibus lectionibus, disputationibus, orationibus, fortasse etiam plerisque concionibus, quæ integro hoc anno μετὰ πολλῆς φαντασίας habebuntur. [2]

Er glaubt sich dann noch gegen den Vorwurf der Trägheit und Bequemlichkeit vertheidigen zu sollen, der ihm könnte gemacht werden: er gehöre zwar nicht zu den strengen Arbeitern, aber wenn auch die Meditation zum Arbeiten gehöre, so dürfe er sich nicht der Trägheit anklagen, er arbeite schwerer, als Andere. Mit einer an Uebertreibung grenzenden Bescheidenheit sagt er:

---

[1] Aus einem Convolut: Werenfelsiana, handschriftlich auf der Frey-Grynäischen Bibliothek. — Es ist eine Antwort an Osterwald, der ihn zum Bleiben hatte bewegen wollen. Wir geben sie im Auszuge.

[2] Dieser Gedanke einer geistlichen „Retraite" hat auch unter Theologen unserer Zeit (Harms, Vinet) Anklang gefunden.

Quæ scio sunt paucissima, sed paucissima illa scire magni mihi constat, præsertim cum pleraque quæ adolescens didici, mihi non sine acri mentis intentione fuerint dediscenda, id quod tanto fuit difficilius, quod neminem præeuntem habui. Quæ publice egi et dixi, maximi mihi semper constiterunt. Nihil unquam scribere susus sum, ad quod tolerabile reddendum, non omnes ingenii vires fuerint intendendæ, quodque non aliquandiu dies noctesque me occupavit, et si melius non scripsi (ne minimis, ne versiculis quidem exceptis) caussa nunquam fuit, quod nolui, sed quod non potui melius scribere. Facultate dicendi extemporali non polleo, et neque res ad hoc necessarias in promtu habeo, neque verba facile aut invenio aut in debitum ordinem redigo. Quæ libri felixque memoria aliis pene aliud agentibus suppeditat, ego vi quadam et qualicumque ingenio cogor exsculpere, et sæpe non sine nisu et conatu extundere.

Und dann noch zum Schlusse die ergreifenden Worte:

Utinam tantum, Amicissime Osterwaldi! quicquid laboris in vita suscepi, pro Deo suscepissem! Utinam non purum putum hominibus placendi studium ad id omne me extimulasset! Tum vero nihil agimus cum ex hoc solo principio agimus. Hoc vero tam diu facimus, quam diu cor non habemus Deo penitus deditum ac devotum, veroque ejus amore et Zelo pro ejus gloria flagrans. Tale cor utinam mihi tandem aliquando det misericors Deus. Ita est: non nisi ab immensa hac misericordia id sperare possum. Nemo enim hominum vivit, qui magis indignus sit hoc Dei dono omnium præstantissimo, atque ego sum. Sed in hoc si Deus aliquando infinitam suam misericordiam exserere vellet, tum demum alicuius frugis essem, tum demum et me ipsum salvare possem et eos qui me audient.

Diese Herzensbeichte legte Werenfels seinem Osterwald ab, ihm, dem Vertrauten allein, und ermächtigte ihn blos dem gemeinschaftlichen Freunde Tribolet davon Mittheilung zu machen. Er schliesst mit den Worten an beide: Videtis hic cor meum penitus denudatum, si modo me ipsum non fallo. Ad singularia descendere non vererer, si coram vobiscum loquerer. Quod si erro, errantem in viam reducite; sin recta semita incedo, recte euntem confirmate, excitate, corroborate, consilioque vestro, ardentibus ad Deum precibus, quas Deo gratiores credo futuras ac meas proprias, juvate. Valete in Domino, vestrosque non multo minus ac vobis caros plurimum salutate.

BEILAGE VII.

Die freisinnige Theologie der Basler in ihrem Verhältniss zu Wettstein und andern Zeitrichtungen.

Dass dieselben Männer, welche zu Wettsteins Entfernung mitwirkten, bei den streng Orthodoxen selbst im Geruch der Heterodoxie standen, beweisen verschiedene Briefe der Zeit. So waren namentlich Samuel Werenfels und die Baslertheologen überhaupt bei den Bernern nicht gut angeschrieben. Sie galten ihnen als Neologen. Darüber schreibt der Basler, Bruckner unterm 23. Juli 1710 an Frey [1]

---

[1] Aus dem Freylschen Briefwechsel (3 Quartbände MS.)

In eo conveniunt, quod Exteros præprimis Basilienses quasi internecino odio prosequantur, se solos ut orthodoxos, Basileenses antem Remonstrantes et Novatores reputantes, præcipue Dom. Doct. Werenf. Arminianismi accusant, et Trigam illam, ut vocant, scilicet DD. Werenf. D. Turretin. et D. Osterwald in privatis collocutionibus impudenter traducunt, imo D. Malacrida[1] ob Arianismom in vicinia grassantem (ipsius sunt verba) in lectionibus suis Limborgium refutare necesse duxit. His de causis cautus esse studeo, nec facile de re Theologica cum Bernensi disputare incipio. Limborgium quoque quem mecum habeo, aliquo me convenuente magna cura recondo, ne me ei incumbentem deprehendat; tamen data occasione nos Basilienses qui Bernæ vivimus ab istis calumniis nos purgare non omittimus, quosdam etiam cum in agro tum in urbe meliorem de novis opinionem ferentes inveni.

Der freiern Richtung zugethan war dagegen der Antistes Conrad Wirz in Zürich, der mit Frey in Briefwechsel stand. Er schreibt u. a. von Zürich aus (1738):[2]

Hoc nostro sæculo is mihi abunde Theologi officio satisfecisse videtur, qui maxime necessaria a minus necessariis, certa a dubiis, clara ab obscuris, ad religionem instillandam utilia a futilibus et leviculis, . . . secernit et ea, quorum perfectam cognitionem in tanta rerum caligine nullus adnequi potest, ad coelitam Theologiam refert. In quo omne tulit punctum consummatissimus Werenfelsius vester, cujus responsum Hallensi Theologo Langio[3] datum, mirifico mihi placet. O quam vellem litium tandem de gratia sive universali, sive particulari desiueretur, et omnes curæ cogitationesque omnes in ea conferrentur, ut unusquisque gratiam ab Jesu partam, tamque liberaliter oblatam, avidissime amplexaretur et tamquam medicinam curandis animi morbis præsentissimam adhiberet. Namque hanc solam gratiam rite applicatam et vitæ ærumnas levare et mortis terrores demere puto.

Dann in einem folgenden Brief in Beziehung auf Lange:

Recte prudenterque fecerit senex ille Theologus si tandem calamum a polemicis istis abstinuerit; namque quo propius ad æternitatem accessimus, hoc magis nos ad ea accingi decet, quæ pacem spectant et caritatem christianam· Ego quidem magis magisque illos fastidire cœpi, qui in gravissimis atque difficillimis causis definiendis et dijudicandis tantum sibi tribuunt, tamquam supremo Numini a consiliis fuissent, parum memores, inter Theologiam viatorum et Theologiam cœlitum permultum semper interfore.[4]

Mit dieser mildern Richtung verband sich aber bei Wirz dieselbe Abneigung gegen die kritischen Bestrebungen Wettsteins, wie bei Frey und selbst bei Werenfels. Je geneigter diese Männer waren, die Symbole ganz fallen zu lassen, desto energischer traten sie gegen die auf, welche ihnen den Grund der Schrift selbst zu untergraben schienen. So schreibt Wirz mit grossem Schmerze (April 1742) an Frey:

---

[1] *Malacrida*, Prof. in Bern, eiferte bekanntlich für den Consensus, s. Al. Schweizer Centraldogmen II. S. 731, doch hielt er auch wieder zu den Pietisten.

[2] Aus dem Freyischen Briefwechsel.

[3] *Joachim Lange* († 1744) ein Haupt der Hallischen (pietistischen) Schule war zugleich eine polemische Natur und bekanntlich ein Hauptbestreiter Chr. Wolffs. Der hier citierte Brief Werenfels' an ihn ist mir nicht zur Hand.

[4] Diesen Unterschied hatte schon Polanus von Polansdorf gemacht.

In ea incidimus tempora, quibus maxime sibi sapere videntur, qui nunc Novi Codicis sacri divinam auctoritatem vellicant, nunc priscam antiquitatem exsibilant nunc suerorum instauratores impetunt, ut tandem omnia religionis fundamenta subruant et evortant. Itaque summis laudibus efferendos existimo, qui in fraudibus nasutulorum apricandis, et praestantia religionis a male sanorum insultibus defensitanda operam suam collocant. Qui summi Numinis sensu tangitur, fateatur necesse est, harum epistolarum [1] et aliorum ejuscemodi κειμηλίων lectionem ad christianam pietatem et eruditionem longe plus facere, quam nonnullorum Gallorum oratorii fuci et plurium Germanorum subtiliora ratiocinia facere possunt.

Wie gegen die Neologie, eben so zeigt sich aber dann auch Wirz gegen den Pietismus und namentlich gegen Zinzendorf verstimmt. In demselben Briefe verwahrt er sich gegen seinen Freund Frey aufs Feierlichste gegen den Verdacht, als ob er diese Richtung billige.

In ecclesia nostra mira sanctulorum, quos Pietistas vocant, paucitas est; rari pruin, immo prope nulli eorundem conventus privati; qui tamen sunt, more istorum hominum, plus quam magnifico de Herrnhutana disciplina ejusque formatoribus sentiunt. Errat, et si malus dolus subsit, peccat, qui me Θεῖον quid in moliminibus hisce deprehendere autumat. Utrum tale quid ex iis, quae litteris ad Ven. Grynæum Muelhusinum datis inserui, exsculpi queat, Tute V. V. judica. Medio Decembri anni superioris scripseram: „Die Kirchengeschichten lehren uns, dass dergleichen *q αι νόμενα* ihren gewissen Periodum haben, und wann derselbe zu Ende gelaufen, so nehmen sie nach und nach ab, bis sie sich völlig verlieren. Mich bedünket, dass die menschlichen Absichten des Herrn Grafen von Zinzendorf, bei diesem ganzen Werk mehr und mehr in die Augen fallen, und dass er mit seiner cavallierischen Uebersetzung des N. Test. ihm selbst und seiner ganzen Societæt mehr Schaden als je mit etwas andres zugezogen habe."

Nichts destoweniger erklärt sich Wirz entschieden gegen jedes Einschreiten der Staatsgewalt:

Nefas esse duco, quendam non cognita causa condemnari, et vobiscum, Veneranda Capita, a violentis remediis et brachii sæcularis vi cogente totus abhorreo, quippe quibus morbi asperantur potius, quam depelluntur.

Gleich Wirz, war auch der durch seine Humanität ausgezeichnete Jakob Zimmermann in Zürich [2] ein Freund unsers Frey, den er als Vater verehrte und mit dessen Gesinnungen er übereinstimmte:

Habebo in Te panthae, schreibt er ihm (22. Nov. 1737) amicum eruditissimum, candidissimum Theologum Veteranum in cujus sinum cogitationes meas conjicere, dubiisque in rebus auxilium implorare possum. Und nun schüttet er gegen ihn das Herz also aus:

Quidam nefas esse putant, a majorum opinionibus, crudis etiam et parum profuturis, vel latam unguem recedere. Libertas viro pio et cordato digna apud nos valde est imminuta; de mea Orthodoxia multi dubitant, licet publicis scriptis male de me sentiendi nemini quantum sciam occa-

---

[1] Es sind die Briefe der apostolischen Väter gemeint, welche Frey 1742 herausgegeben und seinem Freunde geschickt hatte.

[2] Vgl. über ihn O. F. *Fritzsche* vita J. J. Zimmermanni (Beglückwünschungsprogramm an Antistes Gessner 1841.)

siesem dederim. Verum est, existimavi semper et adhuc existimo ad Doctoris Theologi et Reformati quidem munus rite obeundum non postulari, ut is omnes minutas opiniones a Majoribus excogitatas atque definitas, magno fervore tueatur, sed, secundum ipsa quae praecipimus principia, sufficere existimavi, si ea quae ad salutem consequendam a Christo et Apostolis sint tradita, perspicueque in sacris (Scripturis) significata, et a Theologis protestantibus, qui ab ecclesia Romana, secessionem fecerunt recepta, publice profiteatur atque defendat.[1]

Das Verfahren gegen Wettstein billigte auch der seines Mysticismus und Pietismus wegen häufig angefochtene Samuel König in Bern.[2]

König hatte (Jul. 1732) an Frey eine Anzahl Predigten überschickt, die er in Basel und anderwärts gehalten, mit der Bitte, daran wegzuschneiden und zu ändern, was ihm nicht gefalle. Dann fährt er fort: Quod si, qui Wetstenianis favent partibus, aegre ferunt eas (conciunculas) typis evulgari, existimem eos hac in re prudenter non agere. Aut enim D. Wetstenius ejusdem nobiscum est fidei atque sententiae, aut secus sentit. Quod si nobiscum sentit, quomodo, quaeso, aegre ferre potest, veritatis christianae evulgationem atque propalationem? Nonne publice et privatim iis veritatis partibus testimonium perhibere debet? Quod si secus sentiat, certe non debet inique ferre, nos tam ardua fidei capita masculo defendere. Quare ego D. Wetstenium certum esse velim, quodsi leviusculis hisce conciunculis obicem ponat atque remoram figat, neminem non pro certo habiturum indicio, illum veterem errorum cramben adhuc animo fovere et recoquere velle, adeoque pro veritatis hoste et osore palam agnitum iri.

Antistes Nüscheler von Zürich schreibt über den Wettsteinischen Handel (ohne dat.): Das Einige, das ich als Ihr geringes Mitglied an dem geistlichen Leib Jesu Christi thun kann, ist dass ich nit aufhören wil den Herren seiner Kirche anzuflehen, dass er Sie von diesem bösen Menschen erlöse, desselben und seiner Patronen und Helfer Molimina zu nicht mache, ja ihnen die gnad gebe ihr gethanes Unrecht aufrichtig zu erkennen und die gegebene Aergernuss zu repariren.

Derselbe schreibt im Januar 1731: Plura non addo, praeter quam ardens et ex imo pectore profectum votum, ut Deus T. O. M. qui anno elapso ipsius causam contra Wetstenii male feriati tentamina strenue egistis, ita ut quotquot de tua et Dominorum Collegarum orthodoxia dubitant, jam convicti sint, vos in iis quae alicujus sunt momenti, recto sentire u. s. w. Und dann wieder im Juli desselben Jahrs (nachdem die Acta gegen Wetstein ihm waren zugeschickt worden): Doleo sane vobis ab hominibus male feriatis tantum molestiarum creari; doleo adhuc magis, pium vestrum Zelum non adjuvari ab iis, a quibus ceu Ecclesiae nutritiis id fieri aequum erat, et laudo quod in sententia gravissima de causis semel pronuntiata invicta mente persistis, et quae contra eam novo

---

[1] Zimmermann wurde seiner Orthodoxie wegen vielfach angefochten. So schreibt er Dec. 1746 an Frey: Caeterum doleo ita mihi Indies suspicionibus pravis et calumniis reddi acerbiorem vitam. Vilissimus quisque inter nos quasi privilegio munitus et pallium Orthodoxiae indutus me impune lacessere cupit. Sunt inter ipsos Collegas qui hinc inde calumnias contra me spargunt, et ipsi qui mecum sentiunt non satis fortiter semper et cordate bonitatem causae tuentur.

[2] Vgl. über ihn Trechsel im Berner histor. Taschenbuch 1852.

exemplo, contra jura vestræ Academiæ et maximo Ecclesiæ periculo facta sunt, intrepide accusare, bonamque causam, quæ non vestra privata, imo non facultatis Theologicæ et Academiæ, sed Ecclesiæ, imo religionis et ipsius Dei causa est, fortiter asserere non dubitaveritis; testatur enim experientia cedendo bonam causam et ipsam veritatem prodi, et hominum Pseudopoliticorum audaciam imo impudentiam ali, et quod in hoc casu, ut prudenter innuis, metuendum inprimis foret, ad pejora tentanda incitari; pergite proin, et eandem animi magnitudinem constanter servate, ut veritatis doctrinæ sua puritas, et Sacro Ministerio suus honor inter vos constet, nec dubito Deum ulterius nilfuturum laboribus vestris, ut qui periculosa fovent consilia vel in pudorem dentur, vel vestra constantia fatigentur et ab ulterioribus ausis absterreantur. Nostrum, qui in tanto discrimine hactenus non versamur, est, vestris precibus nostras jungere, et fideliter συναγωνίζεσθαι. Confirmet. Deus et protegat bonos rectosque corde, declinantes autem in perversitates aut gratiose convertat, aut potenter coërceat!

BEILAGE VIII.

Stimmen über den Wolfianismus [1]

Zimmermann schreibt darüber an L. Frey (1739): Interim hoc ut fieri solet, intra Iliacos muros et extra peccatur. Multi enim philosophandi methodum impugnant non amore veritatis, sed præjudiciis et aliis placendi studio inducti: quantum video, ut est comparatum cum rebus mortalium, hæc philosophia (Wolfiana) quo magis impugnatur, eo majores faciet (si Angliam excoperis, ubi Lokii opiniones magis gratæ sunt) progressus. Inter nostros juvenes præsertim multi novæ Philosophiæ præceptiones avide arripiunt, at eadem semper fuit hujus disciplinæ ratio. Hoc unum optarem ut singularia Philosophorum illorum πέρμματα cum articulis religionis non commiscerent, sed frustra hæc ingeminant. Scriptura non solum copernizare, cartesianizare, sed et leibnizianicare debet: hinc passim jam videas nova systemata Theologiæ ad hujus Philosophie placita exacta. —

Schon 6 Jahre zuvor hatte Heinrich Nüscheler von Zürich seinen Sohn, der nach Marburg reiste um Wolf zu hören, an Frey empfohlen in einem Brief vom Mai 1732: Non quidem me latet (schrieb er) quam male Marpurginm et Wolphius apud multos audiant; verum plures nostratum, qui ejus institutione usi sunt, audacter affirmant quæ ab Hallensibus de illo sparsa, pora puta esse mendacia atque calumnias, tantumque abesse ut ejus docendi modus ad Atheismum viam sternat, ut illo potius in debellando hoc monstro vix alius in Germania acrior sit et felicior. Quod si tibi aliud idque certius hac de re compertum sit, quæso pro eo qui in te est candore, filium meum de eo mone ne forte cupido aut incaute imbibat, quæ ipsi noxam afferre possent.

Bedeutend abgekühlt in der Bewunderung Wolfs, schreibt er aber bald darauf (12. Oct. desselben Jahrs an seinen gelehrten Freund Folgendes in deutscher Sprache:

„Sie werden sich erinnern, dass vor circa 7 Monaten mein Sohn die Ehr gehabt bey seiner Durchreise auf Marpurg ihnen sein schuldige reverenz zu machen, da er mir sehr angerühmt

---
[1] Aus dem Freylschen Briefwechsel.

die sonderbare Liebe und Höflichkeit, die er von M.G.H. empfangen, für welche nochmahlen schuldigsten Dank erstatte. Ich liesse ihn damahl auf Marpurg gehen, weil mir dieses ort nit nur durch das gemeine Gerücht sondern iu specie von einem hiesigen Geistlichen der sich etwas Zeits daselbst aufgehalten als ein rechtes Athenæum angerühmt worden, da ein junger Mensch nit nur Gelegenheit [hat] den verühmten Wolphium als instauratorem Philosophiæ neben andern verühmten Herrn zu hören, sondern auch durch den Umgang mit den vielen der Studiorum halben sich daselbst aufhaltenden gemeinlich wolerzogenen frömden Herren sich in allen einen jungen Menschen wolständigen manieren zu façonieren. Nun ist wahr dass so viel ich nun aint der Zeit ex filii mei et aliorum ratione gewahren kan, Herr Wolph ein tiefsinniger Gelehrter, dabey überaus schlauwer Man der sein Philosophie ad gustum sæculi einrichten und durch sein wolredenheit und embellierung der Sachen junge (in specie vornehme loühl) gar wol an sich ziehen kan; aber dass man sich dort bemühe, die Philosophie so einzurichten, dass sie den Menschen zu einem Tugendsamen Leben vor sich selbs und in relatione ad societatem, in qua vivimus, item zu einer wahren Hochachtung gegen Gott excitiere, item dass die Sitten auf dortiger Academie besser und die Disciplin exacter als auf andern kan ich bis dahin nit merken, sonder der luxus und die Vanitäten so leider in gemein auf den universitäten io schwang gehen, sind auch dorten zu beobachten, welches ich schliessen können aus den excessiven Depensen, die ein frömder, wan er den zugang zu honeter Compagnie haben wil machen mus; desswegen ich meine Gedanken geändert und mich entschlossen meinen Sohn von dorten wegzurufen und an ein ander ort zu thun, da er ohne sond.(erlich) excessive Kösten seine Studia neil. fürnehmlich in jure und Mathesi under guter Anleitung fortsezen und sich ohne oder wenigst mit minderer Gefahr in das zwar sehr gemeine, aber doch dem Christenthum zuwider laufende Weltleben eingeführt zu werden, sich in anständigen Sitten und manieren façonieren könnte." (Er entschliesst sich dann für Basel, wo durch „den weltverühmten Herrn Bernoulli" für die Mathematik gesorgt sei und ersucht Frey, für ein christliches Haus zu sorgen, in welchem er „an Verstand, Erfahrung und gutem Exempel profitieren" könnte u. s. w.)

Zusatz zu Seite 32:

Ueber Gernler's Leben ist noch zu vergleichen die Schrift seines Nachfolgers Peter Werenfels: Icon Theologi eximii historica narratione vitæ et obitus Viri Ven. et Clarissimi Dr. Lucæ Gernleri, Ecclesiæ Basileensis Antistitis vigilantissimi et in Academia ibidem S. Theologiæ Professoris celeberrimi Bas. 1665. 4⁰.